Dr. Oetker

BROT & BRÖTCHEN BACKEN

Bassermann

Inhaltsübersicht

Getreidearten

Weizen ist das wichtigste und am meisten verwendete Getreide. Weizenmehl, das nur aus dem Mehlkörper hergestellt wurde, bei dem also die wertvollen Außenschichten und der Keim fehlen, hat einen großen Teil qualitativ hochwertiger Stoffe verloren. Wesentlich besser ist daher Mehl aus ganzem Korn, das Vollkornmehl.

Roggen ist die dunkelste Getreideart. Er wird überwiegend zur Brotherstellung eingesetzt. Roggen ist reich an B-Vitaminen und Mineralstoffen.

Hafer gehört zu den Spelzgetreiden und muß enthülst werden. Er ist reich an Vitaminen, Mineralstoffen, hochwertigem Eiweiß und hat einen relativ hohen Anteil an qualitativen Fettsäuren.

Gerste zählt zu den ältesten Getreidearten. Ihr Mehlkörper ist besonders reich an Mineralstoffen wie Kalium, Calcium, Phosphor und Kieselsäure.

Hirse ist eine kleinkörnige, aber sehr wertvolle Getreidesorte. Sie braucht zum Gedeihen sandige Böden und viel Wärme. Reife Hirse enthält viel Mineralstoffe, darunter Magnesium, Eisen, Fluor und Kieselsäure.

Mais gilt neben Reis und Weizen als wichtigstes Getreide. Mais enthält allerdings weniger Eiweiß als die übrigen Getreidesorten. Vor allem fehlt ihm das zum Backen wichtige Klebereiweiß.

Reis zählt zu den ältesten Nahrungsmitteln, die wir kennen. Dem geschliffenen, geschälten Weißreis, der häufig verwendet wird, ist der braune Naturreis allerdings vorzuziehen. Denn durch das Entfernen des sogenannten „Silberhäutchens“ verliert der Weißreis den größten Teil seiner lebenswichtigen Inhaltsstoffe. Einen relativ hohen Vitamingehalt hat dagegen noch der Parboiled Reis. Die Inhaltsstoffe seiner Silberhaut werden nämlich durch ein Spezialverfahren ins Korninnere verlagert und bleiben dadurch erhalten.

Buchweizen ist ein Knöterichgewächs. Seine Körner haben eine dreieckige Form. Der Buchweizen war lange Zeit in Vergessenheit geraten, ehe ihn die Vollwertküche wiederentdeckte. Buchweizen ist leicht verdaulich und liefert für den menschlichen Organismus wichtige Mineralien, Vitamine und Lecithin.

Dinkel und **Grünkern** sind enge Verwandte des Weizens. Weil er besonders viel Klebereiweiß enthält, wird Dinkel gern zur Brotherstellung genutzt. Halbreife Körner des Dinkels kommen als „Grünkern“ auf den Markt.

Mehltypen

Je nach Ausmahlungsgrad werden Mehle in verschiedene Typen unterteilt. Die jeweilige Mehltype gibt den Mineralstoffgehalt in mg pro 100 g Mehltrockensubstanz an. Je höher ein Mehl ausgemahlen ist (z. B. Type 1600), um so mehr mineralstoffhaltige Randschichten, Vitamine und Ballaststoffe enthält es. Type 405 ist ein feines, weißes Kuchenmehl, das sich sowohl zum Backen als auch zum Kochen eignet. Das Mehl besteht in erster Linie aus Stärke und Klebereiweiß, das ganz hervorragende Backeigenschaften besitzt. Sein Gehalt an essentiellen Aminosäuren ist dagegen äußerst gering. Da der Vitamin-, Mineralstoff- und Ballaststoffgehalt bei allen Mehlen der Type 405 ohnehin niedrig ist, ist es ernährungsphysiologisch gesehen wenig wertvoll.

Doppelgriffiges Mehl gilt als Spezialsorte, die in der Körnung etwas gröber als das herkömmliche Haushaltsmehl, allerdings genauso weiß ist. Es wird hauptsächlich zum Backen von Hefeteig empfohlen, denn doppelgriffiges Mehl nimmt Flüssigkeit nur langsam auf, was den Teig gut quellen läßt. Weil es ein anderes Volumen als Haushaltsmehl hat, sollte es nicht im Meßbecher abgemessen werden, sondern auf der Waage.

Type 550 unterscheidet sich optisch kaum vom gängigen Haushaltsmehl der Type 405, obwohl für diese Mehlsorte etwas mehr vom Korn vermahlen wird. Es ist daher auch nur in wenigen Lebensmittelläden erhältlich.

Type 1050 liegt im Vitamin- und Mineralstoffgehalt etwa in der Mitte zwischen Vollkorn- und Weißmehl. Das dunklere Mehl wird mittelstark ausgemahlen und ist kräftig im Geschmack. In fast jedem Rezept ist es – ohne daß die Backergebnisse gravierend geändert würden – zur Hälfte gegen die Type 405 austauschbar.

Type 1600 ist ein dunkles, im Geschmack kräftiges, stark ausgemahlenes Weizenmehl. An der hohen Typenzahl erkennt man schon den großen Anteil wertvoller Randschichten. Daher ist es eigentlich auch nicht mehr als Mehl, sondern eher als recht grobkörniges Schrot zu bezeichnen. Zum Kuchenbacken ist es also weniger geeignet. Im Vitamin- und Mineralstoffgehalt kommt die Type 1600 dem Vollkornmehl erfreulich nahe.

Vollkornmehl ist die einzige Mehlsorte, die keine Typenzahl ausweisen muß. Denn in diesem Mehl sind grundsätzlich alle Bestandteile des Korns und damit alle gesunden Vitamine, Mineral- und Ballaststoffe enthalten. Vollkornmehle eignen sich, vorausgesetzt sie sind fein gemahlen, für fast alle Teige. Allerdings wird das Backwerk weniger locker und braucht mehr Flüssigkeit.

Roggenmehl besitzt im Gegensatz zum Weizenmehl keinen auswaschbaren Kleber. Seine Backfähigkeit ist daher eingeschränkt. Roggenmehl darf wie Weizenmehl nur in bestimmten Mehltypen in den Handel kommen.

Teiglockerungsmittel

Wie gut das Brot ist, wenn es aus dem Backofen kommt, entscheidet sich bereits bei der Bearbeitung des Teiges. Je lockerer der Teig, um so besser das Backergebnis. Locker wird der Teig zum einen durch Rühren, Schlagen oder Kneten, zum anderen durch natürliche (Hefe, Sauerteig, Sekowa-Backferment) oder chemische Triebmittel (Backpulver, Hirschhornsalz, Pottasche). Alle Triebmittel entwickeln bei der Teigherstellung Kohlendioxid, das durch Bildung feiner Poren den Teig lockert.

Sauerteig

Die älteste Form der Teiglockerung ist die Sauerteiggärung. Sie ist für die Herstellung von dunklen und kleberreichen Broten (zum Beispiel Roggenbrot) geeignet. Die Teiglockerung wird hervorgerufen duch alkoholische Gärung, die die Kohlenhydrate des Getreidemehles in Alkohol und gasförmiges Kohlendioxid verwandelt. (Der Alkohol verflüchtigt sich beim Backen.) Zum anderen durch Milchsäuregärung, bei der Kohlenhydrate des Mehls in Milchsäure umgewandelt werden. Letzteres verleiht dem Brot den erwünschten feinsäuerlichen Geschmack. Sauerteig gibt es fertig als Extrakt oder angesetzt beim Bäcker. Er kann auch in drei Stufen selbst hergestellt werden.
Dazu wird benötigt:
400 g Roggenmehl,
400 ml Wasser.

1. Stufe (Ansatz)
100 g Rogenmehl
100 ml lauwarmes Wasser

Das Mehl mit gut handwarmem Wasser (etwa 40 °C) in einer Schüssel verrühren, mit einem Tuch bedecken, in eine Plastiktüte stecken. An einem warmen Ort mit etwa 20 °C etwa 24 Stunden gehen lassen.

2. Stufe
100 g Roggenmehl
100 ml lauwarmes Wasser

Die beiden Zutaten mit dem Sauerteigansatz verrühren, nochmals 24 Stunden zugedeckt an einem warmen Ort gehen lassen.

3. Stufe
200 g Roggenmehl
200 ml lauwarmes Wasser

Mehl und Wasser gut verrühren, unter den Sauerteigansatz geben, gut mischen, nochmals zugedeckt 24 Stunden gehen lassen. Den restlichen Sauerteig entweder einfrieren oder mit soviel Mehl verkneten, daß ein krümeliger Teig entsteht. Dieser „Krümelsauer“ ist im Kühlschrank etwa 1 Monat haltbar. Für die Weiterverwendung wird er dann wieder mit Wasser verrührt, bis er die gleiche Konsistenz des ursprünglichen Sauerteigs erreicht hat.

Hefeteig

Im Handel sind Frischhefe und Trockenbackhefe erhältlich. Trockenbackhefe ist in einem Spezialverfahren haltbar gemacht und hat außerdem den zeitsparenden Vorteil, daß sie nicht angerührt oder im „Vorteig" angesetzt werden muß. Hefeteig wird durch Einwirken von Hefepilzen gelockert. Wärme und gutes Kneten spielen bei diesem Prozeß eine wichtige Rolle.

Das Kneten des Hefeteigs bewirkt durch Einschlagen von Luft eine besonders wirkungsvolle Verbindung aller Zutaten untereinander. Die Hefe wandelt dabei Zucker und Mehl (Stärke), also Kohlenhydrate, in Kohlensäure und Alkohol um und verursacht dadurch die gewünschte Teiglockerung.

Ihre volle Treibkraft entfaltet die Hefe nur in Gegenwart von Wärme. Vor allem die Flüssigkeit (Milch oder Wasser) sollte daher richtig temperiert sein. Zu heiße Flüssigkeit würde die Hefezellen abtöten. Milch und Wasser sollten handwarm sein und etwa 37 °C haben, die übrigen Zutaten möglichst Raumtemperatur. Um die Wärme gleichmäßig über den Teig zu verteilen, empfiehlt es sich, die Flüssigkeit während des Rührens nach und nach hinzuzugeben.
Das Backen mit Hefe erfordert eine gewisse Erfahrung. Denn der richtige Zeitpunkt der Teiggare muß abgepaßt werden, um beim anschließenden Backen ein gutes Ergebnis zu erzielen. Zum Beschleunigen der Gärung empfiehlt es sich, den Teig an einen Ort zu stellen, der vor Zugluft geschützt ist (z. B. Gas- oder Elektroherd):

Gas: Auf Stufe 8 drei Minuten vorheizen. Flamme ausdrehen, Schüssel mit Teig so lange hineinstellen, bis er sich sichtbar vergrößert hat.

Strom: Auf etwa 50 °C einschalten, Schüssel mit Teig so lange hineinstellen, bis er sich sichtbar vergrößert hat.

Tips rund ums Brotbacken

- Den Teig lieber etwas länger als zu kurz kneten: Von Hand mindestens 2o Minuten, mit dem Handrührgerät etwa 5 Minuten kneten. Hinzu kommt dann noch ein sorgfältiges Nachkneten mit der Hand. Das gute Durchkneten des Teiges ist wichtig für eine feine Pore. Und nur so wird das Brot angenehm locker.
- Damit der Teig später gut quellen kann, sollte er zu einer elastischen, geschmeidigen Masse verknetet werden. Merke: eine weiche Konsistenz ist immer besser als ein zu fester Teig. Eventuell kann man vor dem Formen immer noch etwas Mehl hinzufügen.
- Wenn der Brotteig gut gegangen ist, sollte er sofort in den Backofen geschoben werden. Kommt der geformte Brotteig zu spät in den Ofen, kann er seine Form verlieren, fällt zusammen und wird klitschig.
- Wichtig ist, während des Backvorganges eine Schale mit Wasser in den Backofen zu stellen. Das verhindert das Austrocknen des Teiges und begünstigt ein gleichmäßiges Garen.
- Schön kroß wird die Kruste, wenn Sie das Brot kurz vor Beendigung der Backzeit mit etwas Wasser bestreichen. Wer Milch benuzt, erhält ein mattglänzendes Ergebnis. Ein goldbraunes Äußeres erzielen Sie, wenn Sie die Backware mit Eigelb bestreichen. Mit Salz verrührtes Eigelb ist allerdings nur empfehlenswert für Gebäcke kürzerer Backzeit, weil die Oberfläche sonst zu stark bräunt. Wird die Kruste vorzeitig zu dunkel, kann man sie mit Alufolie abdecken.
- So machen sie die Garprobe: Das Brot an der Unter- und Oberseite mit der Hand abklopfen. Wenn es hohl klingt, ist das Brot gar. Andernfalls muß es noch einmal in den Backofen.

Kein Bäcker kann in diesem Land heutzutage noch auf Sauerteig verzichten. Er ist einfach ideal zur Teiglockerung, und seine hochwertigen Bakterienkulturen sorgen dafür, daß die Kohlenhydrate des Mehls in Milchsäure umgewandelt werden, was dem fertigen, knusprig gebackenen Brot seinen unverkennbaren Geschmack gibt.

Hefeteig schmeckt frisch am besten. Wer einmal solch einen selbstgemachten Laib, der eben aus dem Ofen kommt, angeschnitten hat und ihn nur mit etwas Butter und Salz oder mit Schmalz gegessen hat, der weiß, wovon die Rede ist. Denn Hefeteig ist nicht so schwierig zuzubereiten, wie oft behauptet wird.

Zitronen-Apfel-Brot

(Foto Seite 8/9)

500 g Weizenmehl (Type 405)	in eine Rührschüssel sieben, mit
1 Päckchen Trockenbackhefe	sorgfältig vermischen
3 TL Zucker	
1 ½ TL Salz	
abgeriebene Schale von 1 Zitrone (unbehandelt)	
1 Becher (150 g) Crème fraîche	
50 g zerlassene, abgekühlte Butter	
gut 150 ml lauwarme Milch	hinzufügen
	die Zutaten mit Handrührgerät mit Knethaken zunächst auf niedrigster, dann auf höchster Stufe in etwa 5 Minuten zu einem glatten Teig verarbeiten, an einem warmen Ort so lange gehen lassen, bis er sich sichtbar vergrößert hat
1 mittelgroßen Apfel	schälen, vierteln, entkernen, grob raspeln
2 EL feingeschnittene Zitronenmelisse	
	beide Zutaten auf mittlerer Stufe unter den gegangenen Teig kneten, aus der Schüssel nehmen, gut durchkneten
	aus dem Teig 4 gleich große Kugeln formen, in eine Springform (Durchmesser 26 cm, Boden gefettet) legen
	den Teig nochmals so lange gehen lassen, bis er sich sichtbar vergrößert hat, den Teig mit
Wasser	bestreichen, mit
Sesamsamen	bestreuen
Ober-/Unterhitze	etwa 200 °C (vorgeheizt)
Heißluft	etwa 170 °C (nicht vorgeheizt)
Gas	Stufe 3–4 (nicht vorgeheizt)
Backzeit	40–50 Minuten.

Leinsamenbrot

100 g Leinsamen	in
100 ml heißem Wasser	etwa 30 Minuten quellen lassen
250 g Roggenmehl (Type 1740)	
250 g Weizenmehl (Type 550)	in eine Rührschüssel geben, mit
1 Päckchen Trockenbackhefe	sorgfältig vermischen
gut 1 TL Zucker	
gut 1 TL Salz	
3 EL Speiseöl	
etwa 250 ml (1/4 l) lauwarme Buttermilch	hinzufügen
	die Zutaten mit Handrührgerät mit Knethaken zunächst auf niedrigster, dann auf höchster Stufe in etwa 5 Minuten zu einem glatten Teig verarbeiten, gegen Ende der Knetzeit den gequollenen Leinsamen unterkneten
	den Teig an einem warmen Ort so lange gehen lassen, bis er sich sichtbar vergrößert hat, aus der Schüssel nehmen, gut durchkneten
	aus dem Teig ein ovales Brot formen, auf ein gefettetes Backblech legen, nochmals an einem warmen Ort gehen lassen
	die obere Seite des Teiges mehrere Male etwa 1 cm tief einschneiden
	den Teig nochmals so lange an einem warmen Ort gehen lassen, bis er sich sichtbar vergrößert hat, mit
Wasser	bestreichen, in den Backofen schieben, den Teig während des Backens ab und zu mit Wasser bestreichen
Ober-/Unterhitze	etwa 200 °C (vorgeheizt)
Heißluft	etwa 170 °C (nicht vorgeheizt)
Gas	etwa Stufe 3–4 (vorgeheizt)
Backzeit	etwa 1 Stunde.

Speckbrot

150 g durchwachsenen Speck	in Würfel schneiden, auslassen, kühl stellen
	Teig aus
1 Beutel (500 g) aus 1 Packung Weizen-Mischbrot	
1 Päckchen Trockenbackhefe	
300 ml + 2 EL lauwarmem Wasser	nach Vorschrift auf der Packung zubereiten, gehen lassen
	den Teig mit
Weizenmehl	bestäuben, aus der Schüssel nehmen, gut durchkneten
	dabei den abgekühlten Speck,
100 g Röst-Zwiebeln (fertig gekauft)	unterkneten
	den Teig zu einem länglichen Brot formen
	auf ein gefettetes Backblech legen
	die obere Seite des Teiges mehrere Male 1 cm tief einschneiden (nicht drücken)
	den Teig nochmals so lange an einem warmen Ort gehen lassen, bis er sich sichtbar vergrößert hat,
	den Teig mit
Wasser	bestreichen
Ober-/Unterhitze	etwa 200 °C (vorgeheizt)
Heißluft	etwa 180 °C (nicht vorgeheizt)
Gas	Stufe 3–4 (vorgeheizt)
Backzeit	40–50 Minuten.

Roggenbrot mit Kürbiskernen

750 g Roggen	fein mahlen, mit
2 Päckchen Trockenbackhefe	
2 Päckchen Sauerteig-Extrakt	sorgfältig vermischen
1 gestrichenen EL Meersalz	
1 gestrichenen EL gemahlenen Kümmel	
2 TL Honig	
gut 600 ml lauwarmes Wasser	hinzufügen
	alle Zutaten in der Küchenmaschine oder mit Handrührgerät mit Knethaken zunächst auf niedrigster, dann auf höchster Stufe in etwa 5 Minuten zu einem glatten Teig verarbeiten zuletzt
150 g geschälte Kürbiskerne	unterkneten
	den Teig an einem warmen Ort so lange gehen lassen, bis er sich sichtbar vergrößert hat, ihn dann auf der Arbeitsfläche nochmals gut durchkneten, zu einem länglichen, ovalen Brotlaib formen, den Brotlaib auf ein gefettetes Backblech legen, abgedeckt an einem warmen Ort so lange gehen lassen, bis er sich sichtbar vergrößert hat, mit
Wasser	bestreichen
Ober-/Unterhitze	etwa 200 °C (vorgeheizt)
Heißluft	etwa 170 °C (nicht vorgeheizt)
Gas	Stufe 3–4 (vorgeheizt)
Backzeit	40–45 Minuten
Ober-/Unterhitze	etwa 250 °C
Heißluft	etwa 220 °C
Gas	etwa Stufe 5
Backzeit	etwa 10 Minuten.

TIP

Das fertige Brot mit heißem Wasser bestreichen und noch 5–10 Minuten im ausgeschalteten Backofen stehenlassen.

Kräuter-Gewürz-Brot

300 g Weizen	fein mahlen
200 g Roggen	mit
1 TL Koriandernkörnern	
1/2 TL Fenchelsamen	
1/2 TL Anissamen	mittelfein mahlen
	die Zutaten mit
1 Päckchen Trockenbackhefe	
1 Päckchen Sauerteig-Extrakt	sorgfältig vermischen
1 gehäuften TL Salz	
4 EL Speiseöl	
etwa 350 ml lauwarmes Wasser	hinzufügen
	alle Zutaten mit der Küchenmaschine oder mit Handrührgerät mit Knethaken zunächst auf niedrigster, dann auf höchster Stufe in etwa 5 Minuten zu einem glatten Teig verarbeiten
	kurz vor Beendigung der Knetzeit
3–4 EL gemischte, gehackte Kräuter	unterarbeiten
	den Teig an einem warmen Ort so lange gehen lassen, bis er sich sichtbar vergrößert hat, ihn dann auf der Arbeitsfläche nochmals gut durchkneten, rund formen, auf ein gefettetes Backblech legen, die Teigoberfläche gitterartig einschneiden und mit Wasser bestreichen, nach Belieben mit
getrockneten Kräutern, Haferflocken oder Sesamsamen	bestreuen
	abgedeckt an einem warmen Ort nochmals so lange gehen lassen, bis er etwa doppelt so hoch ist, das Backblech in den Backofen schieben
Ober-/Unterhitze	etwa 200 °C (vorgeheizt)
Heißluft	etwa 170 °C (nicht vorgeheizt)
Gas	Stufe 3–4 (vorgeheizt)
Backzeit	55–60 Minuten.

TIP

Während des Backens eine Schale mit heißem Wasser in den Backofen stellen.

Leinsamen-Sesam-Brot

50 g Leinsamen	
50 g Sesamsamen	in der Pfanne leicht rösten abkühlen lassen
300 g Weizen	
150 g Dinkel	
1 TL Anissamen	fein mahlen
25 g Weizenkeime	
25 g Weizenkleie	
1 Päckchen Trockenbackhefe	hinzufügen, gut vermischen
1 TL Meersalz	
1 TL Honig	
etwa 375 ml (3/8 l) lauwarmes Wasser	hinzufügen alle Zutaten in der Küchenmaschine oder mit Handrührgerät mit Knethaken zunächst auf niedrigster, dann auf höchster Stufe in 3–4 Minuten zu einem glatten Teig verarbeiten die Leinsamen-Sesam-Mischung (2 Eßlöffel zum Bestreuen zurücklassen) unterkneten den Teig an einem warmen Ort so lange gehen lassen, bis er sich sichtbar vergrößert hat, ihn dann auf der Arbeitsfläche nochmals gut durchkneten, zu einer Rolle formen, mit
Wasser	bestreichen Teigoberfläche mit der zurückgelassenen Leinsamen-Sesam-Mischung bestreuen in eine mit
Butter oder Margarine	gefettete Kastenform (30 x 11 cm) legen etwas andrücken den Brotteig in der Form abgedeckt nochmals etwa 20–30 Minuten gehen lassen ihn längs etwa 1 cm tief einschneiden
Ober-/Unterhitze	200–225 °C (vorgeheizt)
Heißluft	etwa 170 °C (nicht vorgeheizt)
Gas	etwa Stufe 4 (vorgeheizt)
Backzeit	etwa 50 Minuten.

TIP

Während des Backens eine Schale mit heißem Wasser auf den Boden des Backofens stellen.

Sauerteigbrot

300 g Weizen	mittelgrob schroten
200 g Weizen	fein mahlen
	beide Zutaten mit
300 g Roggenvollkornschrot *200 g Roggenmehl (Type 1150)*	in eine Schüssel geben, mit
2 Päckchen Trockenbackhefe *2 Päckchen Sauerteig-Extrakt*	sorgfältig vermischen
1 EL Salz *etwa 750 ml (3/4 l) lauwarmes Wasser*	hinzufügen
	alle Zutaten in der Küchenmaschine oder mit Handrührgerät mit Knethaken zunächst auf niedrigster, dann auf höchster Stufe in etwa 5 Minuten zu einem glatten Teig verarbeiten
	den Teig an einem warmen Ort so lange gehen lassen, bis er sich sichtbar vergrößert hat, ihn dann auf der Arbeitsfläche nochmals gut durchkneten, zu einer Kugel formen
Weizenvollkornmehl	die Teigkugel in ein geflochtenes, unlackiertes, mit ausgestreutes Weidenkörbchen legen
	abgedeckt an einem warmen Ort nochmals so lange gehen lassen, bis sie sich sichtbar vergrößert hat
	auf ein gefettetes Backblech stürzen
Ober-/Unterhitze	200–225 °C (vorgeheizt)
Heißluft	etwa 170 °C (nicht vorgeheizt)
Gas	etwa Stufe 4 (vorgeheizt)
Backzeit	etwa 1 Stunde.

TIP

Während des Backens eine Schale mit heißem Wasser auf den Boden des Backofens stellen.

Roggenbrot mit ganzen Weizenkörnern

250 g Weizen	in
375 ml (3/8 l) Wasser	geben, zum Kochen bringen, etwa 3 Minuten kochen lassen, zugedeckt über Nacht auf der Kochstelle stehen lassen (am nächsten Morgen sollen die Körner aufgeplatzt sein, andernfalls werden die Körner nochmals einige Minuten abgekocht)
	die abgekühlten Weizenkörner abtropfen lassen, die Flüssigkeit auffangen
400 g Roggen	mittelfein mahlen
400 g Roggenmehl (Type 1370)	mit
2 EL (20 g) Weizenkleie	
2 Päckchen Trockenbackhefe	
2 Päckchen Sauerteig-Extrakt	
2 1/2 TL Meersalz	gründlich vermischen, die Flüssigkeit von dem Weizen mit
lauwarmem Wasser	auf 750 ml (3/4 l) auffüllen, zu dem Mehl-Gemisch geben
	alle Zutaten in der Küchenmaschine oder mit Handrührgerät mit Knethaken zunächst auf niedrigster, dann auf höchster Stufe zu einem glatten Teig verkneten
	die Weizenkörner hinzufügen, etwa 1 Minute unterarbeiten
	den Teig an einem warmen Ort so lange gehen lassen, bis er sich sichtbar vergrößert hat, ihn dann auf der Arbeitsfläche nochmals gut durchkneten, eine Brotbackform (35 x 15 cm) mit
Butter	ausfetten, mit
Weizenkleie	ausstreuen
	den Teig zu einer Rolle formen, in die Form legen, andrücken, abgedeckt nochmals 20–30 Minuten gehen lassen
Ober-/Unterhitze	etwa 225 °C (vorgeheizt)
Heißluft	etwa 200 °C (nicht vorgeheizt)
Gas	etwa Stufe 4 (vorgeheizt)
Backzeit	etwa 1 Stunde.

	das Brot auf ein Backblech stürzen, wieder in den Backofen schieben
Ober-/Unterhitze	150–175 °C
Heißluft	etwa 150 °C
Gas	Stufe 2–3
Backzeit	etwa 1 Stunde.

Landbrot

	Aus
125 g Weizenmehl (Type 1050)	
250 g Roggenmehl (Type 1150)	
2 gestrichenen TL Salz	
1 Beutel Sauerteig-Extrakt	
1 Päckchen Trockenbackhefe	
etwa 400 ml lauwarmem Wasser	nach der Vorschrift auf dem Beutel Sauerteig-Extrakt einen Teig zubereiten, so lange gehen lassen, bis er sich sichtbar vergrößert hat den Teig mit Mehl bestäuben, aus der Schüssel nehmen, gut durchkneten aus dem Teig ein rundes Brot formen, auf ein gefettetes Backblech legen die obere Seite des Teiges kreuzweise etwa 1 cm tief einschneiden den Teig nochmals an einem warmen Ort gehen lassen, bis er sich sichtbar vergrößert hat, mit
Wasser	bestreichen, mit
Weizenmehl	bestäuben, in den Backofen schieben
Ober-/Unterhitze	etwa 200 °C (vorgeheizt)
Heißluft	etwa 170 °C (nicht vorgeheizt)
Gas	Stufe 3–4 (vorgeheizt)
Backzeit	etwa 50 Minuten.

Bayerisches Gewürzbrot

500 g Weizen	fein mahlen
500 g Roggen	mittelfein mahlen
	beide Mehlsorten mischen, mit
2 Päckchen Trockenbackhefe	
2 Päckchen Sauerteig-Extrakt	sorgfältig vermischen
2 schwach gehäufte TL Meersalz	
2 TL Kümmelsamen	
2 TL Fenchelsamen	
2 TL Anissamen	
1 TL gemahlenen Koriander	hinzufügen
etwa 750 ml (3/4 l) lauwarmes Wasser	hinzugießen
	alle Zutaten in der Küchenmaschine oder mit Handrührgerät mit Knethaken zunächst auf niedrigster, dann auf höchster Stufe in etwa 5 Minuten zu einem glatten Teig verarbeiten
	den Teig an einem warmen Ort so lange gehen lassen, bis er sich sichtbar vergrößert hat, ihn dann auf der Arbeitsfläche nochmals gut durchkneten, zu einem runden Brotlaib formen
	auf ein gefettetes Backblech legen
	abgedeckt an einem warmen Ort nochmals so lange gehen lassen, bis er sich sichtbar vergrößert hat
	den Brotlaib mit
Wasser	bestreichen, mit
Weizenmehl	bestäuben
	das Backblech in den Backofen schieben
	das Brot während des Backens zwei- bis dreimal mit kaltem Wasser besprenkeln
Ober-/Unterhitze	200–225 °C (vorgeheizt)
Heißluft	etwa 170 °C (nicht vorgeheizt)
Gas	etwa Stufe 4 (vorgeheizt)
Backzeit	etwa 80 Minuten.

Vitalbrot

200 g Weizen	fein mahlen
100 g Hafer	
100 g Roggen	
1 TL Korianderkörner	
1 TL Fenchelsamen	mittelfein mahlen die Zutaten mit
100 g Sojamehl	
2 EL Weizenkleie	
2 EL Weizenkeimen	
1 Päckchen Trockenbackhefe	
1 Päckchen Sauerteig-Extrakt	sorgfältig vermischen
1 gehäuften TL Salz	
etwa 400 ml lauwarmes Wasser	hinzufügen alle Zutaten in der Küchenmaschine oder mit Handrührgerät mit Knethaken zunächst auf niedrigster, dann auf höchster Stufe in etwa 5 Minuten zu einem glatten Teig verarbeiten kurz vor Beendigung der Knetzeit
50 g Leinsamen	
50 g Sonnenblumenkerne	
25 g Sesamsamen	unterarbeiten den Teig an einem warmen Ort so lange gehen lassen, bis er sich sichtbar vergrößert hat, ihn dann auf der Arbeitsfläche nochmals gut durchkneten, zu einer Rolle formen, in eine gefettete Kastenform (30 x 11 cm) legen, abgedeckt an einem warmen Ort nochmals etwa 30 Minuten gehen lassen, die Teigoberfläche drei- bis viermal schräg einschneiden, mit
Wasser	bestreichen
Ober-/Unterhitze	etwa 200 °C (vorgeheizt)
Heißluft	etwa 170 °C (nicht vorgeheizt)
Gas	Stufe 3–4 (vorgeheizt)
Backzeit	55–60 Minuten.

TIP

Während des Backens eine Schale mit heißem Wasser auf den Boden des Backofens stellen.

Sesambrot

500 g Weizenmehl (Type 550)	in eine Rührschüsel geben, mit
1 Päckchen Trockenbackhefe	sorgfältig vermischen
1 TL Zucker	
gut 1 TL Salz	
250 ml (1/4 l) lauwarmes Wasser	hinzufügen die Zutaten mit dem Handrührgerät mit Knethaken zunächst auf der niedrigsten, dann auf der höchsten Stufe in etwa 5 Minuten zu einem glatten Teig verarbeiten, gegen Ende der Knetzeit
3 EL gerösteten Sesamsamen	unterkneten den Teig an einem warmen Ort so lange gehen lassen, bis er sich sichtbar vergrößert hat, aus der Schüssel nehmen, gut durchkneten den Teig in eine gefettete Kastenform geben, nochmals an einem warmen Ort gehen lassen, mit
Milch	bestreichen, mit
Sesamsamen	bestreuen, in den Backofen schieben
Ober-/Unterhitze	etwa 200 °C (vorgeheizt)
Heißluft	etwa 180 °C (nicht vorgeheizt)
Gas	Stufe 3–4 (vorgeheizt)
Backzeit	etwa 45 Minuten.

TIP

Dazu passen Käse, Oliven und Rotwein.

Weizenkeimbrot

400 g Weizen	fein mahlen
100 g Weizenkeime	
1 Päckchen	
Trockenbackhefe	hinzufügen, sorgfältig vermischen
1 TL Salz	
5 EL Speiseöl	
etwa 400 ml	
lauwarmes Wasser	hinzufügen
	alle Zutaten mit Handrührgerät mit Knethaken zunächst auf niedrigster, dann auf höchster Stufe in etwa 5 Minuten zu einem glatten Teig verarbeiten, an einem warmen Ort so lange gehen lassen, bis er sich sichtbar vergrößert hat, ihn dann auf der Arbeitsfläche nochmals gut durchkneten, zu einer Rolle formen, in eine gefettete Kastenform (30 x 11 cm) geben, etwas andrücken
	den Teig abgedeckt an einem warmen Ort nochmals gehen lassen, bis er sich sichtbar vergrößert hat, die Teigoberfläche längs einschneiden, mit
Wasser	bestreichen
Ober-/Unterhitze	etwa 200 °C (vorgeheizt)
Heißluft	etwa 170 °C (nicht vorgeheizt)
Gas	Stufe 3–4 (vorgeheizt)
Backzeit	etwa 55 Minuten.

Buttermilchbrot

1 kg Weizen-vollkornschrot, fein	mit
2 Päckchen Trockenbackhefe	sorgfältig vermischen
2½ TL Meersalz	
etwa 750 ml (¾ l) lauwarme Buttermilch	hinzufügen
	alle Zutaten in der Küchenmaschine zuerst auf der niedrigsten, dann auf der höchsten Stufe in etwa 5 Minuten zu einem glatten Teig verarbeiten
	den Teig an einem warmen Ort so lange gehen lassen, bis er sich sichtbar vergrößert hat
	eine Brotbackform (35 x 15 cm) mit
Butter	ausstreichen, den Boden nach Belieben mit
Weizenkeimen	ausstreuen
	den Teig nochmals auf der Arbeitsfläche gut durchkneten, zu einer Rolle formen, in die Form legen, etwas andrücken
	nochmals etwa 30 Minuten gehen lassen
	die Teigoberfläche mehrmals einschneiden, mit
Wasser	bestreichen
Ober-/Unterhitze	etwa 225 °C (vorgeheizt)
Heißluft	etwa 190 °C (nicht vorgeheizt)
Gas	etwa Stufe 4 (vorgeheizt)
Backzeit	etwa 45 Minuten
	nach 45 Minuten Backzeit herunterschalten auf
Ober-/Unterhitze	etwa 175 °C
Heißluft	etwa 160 °C
Gas	etwa Stufe 3
Backzeit	etwa 45 Minuten.

Baguette

(Stangenweißbrot, 2 Stück)

500 g Weizenmehl (Type 550)	in eine Schüssel sieben, mit
1 Päckchen Trockenbackhefe	sorgfältig vermischen
1 gehäuften TL Salz *1 EL Speiseöl* *125 ml (1/8 l) lauwarme Milch* *knapp 250 ml (1/4 l) lauwarmes Wasser*	hinzufügen
	alle Zutaten in der Küchenmaschine oder mit Handrührgerät mit Knethaken zunächst auf niedrigster, dann auf höchster Stufe in etwa 5 Minuten zu einem glatten Teig verarbeiten
	den Teig an einem warmen Ort so lange gehen lassen, bis er sich sichtbar vergrößert hat, ihn dann auf der leicht bemehlten Arbeitsfläche gut durchkneten
	zu 2 etwa 40 cm langen Rollen formen
	auf ein mit Backpapier belegtes Backblech legen
	abgedeckt an einem warmen Ort so lange gehen lassen, bis sich die Rollen sichtbar vergrößert haben
	die Teigoberflächen mehrmals schräg einschneiden, mit
Wasser	bestreichen
Ober-/Unterhitze	etwa 225 °C (vorgeheizt)
Heißluft	etwa 200 °C (nicht vorgeheizt)
Gas	etwa Stufe 4 (vorgeheizt)
Backzeit	etwa 25 Minuten.

TIP

Kurz vor Beendigung der Backzeit das Baguette nochmals mit Wasser bestreichen.

Butter-Toastbrot

250 g Weizen	fein mahlen, mit
250 g Weizenmehl (Type 1050) 1 Päckchen Trockenbackhefe	sorgfältig vermischen
1 gestrichenen TL Meersalz 1 gehäuften TL Honig 75 g weiche Butter 1 Ei etwa 250 ml (1/4 l) lauwarme Milch	hinzufügen alle Zutaten in der Küchenmaschine oder mit Handrührgerät mit Knethaken zunächst auf niedrigster, dann auf höchster Stufe in etwa 5 Minuten zu einem glatten Teig verarbeiten den Teig an einem warmen Ort so lange gehen lassen, bis er sich sichtbar vergrößert hat, ihn dann auf der Arbeitsfläche nochmals gut durchkneten, eine Kastenform (30 x 11 cm) mit
Butter	ausfetten, den Teig zu einer Rolle formen, in die Kastenform legen, etwas in die Form drücken abgedeckt an einem warmen Ort nochmals 20–30 Minuten gehen lassen, die Teigoberfläche mehrmals schräg einschneiden, mit
Wasser	bestreichen
Ober-/Unterhitze	etwa 200 °C (vorgeheizt)
Heißluft	etwa 170 °C (nicht vorgeheizt)
Gas	Stufe 3–4 (vorgeheizt)
Backzeit	etwa 50 Minuten.

Kastenweißbrot

500 g Weizenmehl (Type 405)	in eine Rührschüssel sieben, mit
1 Päckchen Trockenbackhefe	sorgfältig vermischen
1 gestrichenen TL Zucker	
1 schwach gehäuften TL Salz	
2 Eier	
1 Eigelb	
etwa 125 ml (1/8 l) Milch	
1 Becher (150 g) Crème fraîche	hinzufügen die Zutaten mit Handrührgerät mit Knethaken zunächst auf niedrigster, dann auf höchster Stufe in etwa 5 Minuten zu einem glatten Teig verarbeiten, an einem warmen Ort so lange gehen lassen, bis er sich sichtbar vergrößert hat, den Teig in eine gefettete, mit
Semmelbröseln	ausgestreute Kastenform (30 x 11 cm) geben, ihn nochmals an einem warmen Ort so lange gehen lassen, bis er sich sichtbar vergrößert hat die obere Seite des Teiges der Länge nach etwa 1 cm tief einschneiden (nicht drücken), mit
Wasser	bestreichen
Ober-/Unterhitze	175–200 °C (vorgeheizt)
Heißluft	etwa 170 °C (nicht vorgeheizt)
Gas	Stufe 3–4 (vorgeheizt)
Backzeit	40–50 Minuten.

Roggenbrot *mit Käse*

	Teig aus
375 g Roggen-vollkornschrot	
125 g Weizenmehl (Type 4o5)	
2 gestrichenen TL Salz	
1 Beutel Sauerteig-Extrakt	
1 Päckchen Trockenbackhefe	
2oo g Doppelrahm-Frischkäse	
etwa 4oo ml lauwarmem Wasser	nach Vorschrift auf dem Beutel Sauerteig-Extrakt zubereiten, gehen lassen den Teig mit Mehl bestäuben, aus der Schüssel nehmen, gut durchkneten, dabei
15o g Sonnenblumen-kerne	unterkneten aus dem Teig ein ovales Brot formen, auf ein gefettetes Backblech legen die obere Seite des Teiges mehrere Male 1 cm tief einschneiden, mit
Wasser	bestreichen mit
5o g Sonnenblumen-kernen	bestreuen den Teig nochmals so lange an einem warmen Ort gehen lassen, bis er sich sichtbar vergrößert hat in den Backofen schieben
Ober-/Unterhitze	etwa 2oo °C (vorgeheizt)
Heißluft	ewa 17o °C (nicht vorgeheizt)
Gas	Stufe 3–4 (vorgeheizt)
Backzeit	4o–5o Minuten.

TIP

Während des Backens eine Schale mit heißem Wasser auf den Boden des Backofens stellen.

Roggenschrotbrot

	Am Vorabend
300 g Roggen-vollkornschrot	in eine Schüssel geben mit
300 ml lauwarmem Wasser	übergießen, über Nacht zum Quellen stehenlassen
450 g Roggen-vollkornschrot	mit
250 g Weizenmehl (Type 550) *2 Päckchen Trockenbackhefe*	sorgfältig vermischen
2 TL Salz *2 EL Rübenkraut (Sirup)* *100 ml Zitronensaft* *gut 125 ml (1/8 l) lauwarmes Wasser*	und den gequollenen Roggenschrotbrei hinzufügen alle Zutaten in der Küchenmaschine zuerst auf der niedrigsten, dann auf der höchsten Stufe in etwa 5 Minuten zu einem glatten Teig verarbeiten den Teig an einem warmen Ort so lange gehen lassen, bis er sich sichtbar vergrößert hat, ihn dann auf der Arbeitsfläche nochmals gut durchkneten, zu einem ovalen Brotlaib formen den Brotlaib auf ein gefettetes Backblech legen mit
Wasser	bestreichen, mit
etwa 80 g ganzen Roggenkörnern	bestreuen abgedeckt an einem warmen Ort nochmals so lange gehen lassen, bis er sich sichtbar vergrößert hat, das Backblech in den Backofen schieben
Ober-/Unterhitze	etwa 200 °C (vorgeheizt)
Heißluft	etwa 170 °C (nicht vorgeheizt)
Gas	Stufe 3–4 (vorgeheizt)
Backzeit	etwa 70 Minuten.

Roggenbrot mit Salami

250 g Roggen-vollkornschrot	
250 g Weizenmehl (Type 550)	in eine Rührschüssel geben mit
1 Päckchen Trockenbackhefe	sorgfältig vermischen
1 TL Zucker	
1 TL Salz	
etwa 250 ml (1/4 l) lauwarmes Wasser	hinzufügen die Zutaten mit Handrührgerät mit Knethaken zunächst auf der niedrigsten, dann auf der höchsten Stufe in etwa 5 Minuten zu einem glatten Teig verarbeiten, gegen Ende der Knetzeit
150 g klein-geschnittene Salami	unterkneten den Teig an einem warmen Ort so lange gehen lassen, bis er sich sichtbar vergrößert hat, mit Mehl bestäuben, aus der Schüssel nehmen, gut durchkneten aus dem Teig 2 längliche Brote formen, auf ein gefettetes Backblech legen, die obere Seite des Teiges mehrmals etwa 1 cm tief einschneiden, den Teig nochmals so lange an einem warmen Ort gehen lassen, bis er sich sichtbar vergrößert hat, mit
Wasser	bestreichen, mit
Mehl	bestäuben, in den Backofen schieben
Ober-/Unterhitze	etwa 200 °C (vorgeheizt)
Heißluft	etwa 170 °C (nicht vorgeheizt)
Gas	Stufe 3–4 (vorgeheizt)
Backzeit	etwa 40 Minuten.

Sesam-Honig-Brot

250 g Weizen	mit
150 g Dinkel	
100 g Buchweizen	
1 TL Korianderkörnern	fein mahlen
1 gestrichenen TL Meersalz	
1 Messerspitze gemahlenen Koriander	
abgeriebene Schale von 1 Zitrone (unbehandelt)	
1 Ei	
3 EL Honig	
125 g weiche Butter	hinzufügen
1 Würfel (42 g) Frischhefe	in
etwa 6 EL lauwarmer Milch	auflösen, hinzufügen
	alle Zutaten in der Küchenmaschine oder mit Handrührgerät mit Knethaken zuerst auf der niedrigsten, dann auf der höchsten Stufe in etwa 4 Minuten zu einem glatten Teig verarbeiten
100 g leicht gerösteten Sesamsamen	in etwa 1 Minute unterkneten
	den Teig an einem warmen Ort so lange gehen lassen, bis er sich sichtbar vergrößert hat, ihn dann auf der Arbeitsfläche nochmals gut durchkneten, eine gut gefettete Kastenform (30 cm lang) mit
Sesamsamen	ausstreuen, den Teig zu einer Rolle formen, in die Form geben, etwas andrücken
	abgedeckt an einem warmen Ort nochmals so lange gehen lassen, bis der Teig sich sichtbar vergrößert hat, mit
Wasser	bestreichen, mit
Sesamsamen	bestreuen
	die Form auf dem Rost in den Backofen schieben
Ober-/Unterhitze	etwa 200 °C (vorgeheizt)
Heißluft	etwa 170 °C (nicht vorgeheizt)
Gas	Stufe 3–4 (vorgeheizt)
Backzeit	40–50 Minuten.

Nordisches Sonnenrad

200 g Weizen	mit
100 g Gerste	
150 g Roggen	
100 g Hafer	
1 TL Fenchelsamen	
1 TL Anissamen	
1 TL Korianderkörnern	fein mahlen
150 g Roggenmehl (Type 1150)	
100 g Sojamehl	
2 TL Salz	
2 EL Sirup (Rübenkraut)	
3 EL Speiseöl	hinzufügen
42 g Frischhefe	in
knapp 500 ml (1/2 l) lauwarmem Wasser	auflösen, zu den übrigen Zutaten geben alle Zutaten in der Küchenmaschine oder mit Handrührgerät mit Knethaken zuerst auf der niedrigsten, dann auf der höchsten Stufe in etwa 5 Minuten zu einem glatten Teig verarbeiten den Teig an einem warmen Ort so lange gehen lassen, bis er sich sichtbar vergrößert hat, ihn dann auf der Arbeitsfläche nochmals gut durchkneten, in 9 Stücke teilen 8 Stücke je zu gut etwa 20 cm langen Rollen formen, jeweils ein Ende etwas schneckenförmig einrollen, und die Rollen strahlenförmig in Form eines Fragezeichens auf ein gefettetes Backblech legen das neunte Teigstück zu einer Schnecke formen und auf die Mitte des Strahlenkranzes legen, abgedeckt an einem warmen Ort nochmals etwa 30 Minuten gehen lassen, mit
Wasser	bestreichen, mit
Sesamsamen	bestreuen
Ober-/Unterhitze	etwa 200 °C (vorgeheizt)
Heißluft	etwa 170 °C (nicht vorgeheizt)
Gas	Stufe 3–4 (vorgeheizt)
Backzeit	etwa 45 Minuten.

Viererlei Brot

750 g Weizenmehl (Type 550)	mit
300 g Weizenvollkornschrot	in eine Schüssel geben, in die Mitte eine Mulde eindrücken
70 g Frischhefe	hineinbröckeln
1 TL Salz	
1 gestrichenen TL Zucker	
2 gestrichene TL gemahlenen, schwarzen Pfeffer	auf dem Mehlrand verteilen
etwa 600 ml lauwarmes Wasser	über die zerbröckelte Hefe gießen, die Hefe darin auflösen
125 ml (1/8 l) Walnußöl	hinzufügen alle Zutaten in der Küchenmaschine zuerst auf der niedrigsten, dann auf der höchsten Stufe in etwa 5 Minuten zu einem glatten Teig verarbeiten den Teig an einem warmen Ort so lange gehen lassen, bis er sich sichtbar vergrößert hat, ihn dann auf der Arbeitsfläche nochmals gut durchkneten, zu einer länglichen Rolle formen in 4 gleich große Stücke schneiden jedes Teigstück mit einer der folgenden Mischungen verkneten:
	Für die 1. Mischung
80 g entsteinte, geviertelte schwarze Oliven	mit
150 g gewürfelter Salami	
2 TL gerebeltem Oregano	vermengen.

(Fortsetzung Seite 40)

	Für die 2. Mischung
200 g mittelalten, kleingewürfelten Gouda	mit
2 TL Kümmel	
1 TL gemahlenem Pfeffer	vermengen.
	Für die 3. Mischung
100 g Haselnußkerne	mit
50 g Walnußkernen	vermengen.
	Für die 4. Mischung
100 g geschälte Kürbiskerne	mit
2 TL gemahlenem Koriander	vermengen.
	Die mit den verschiedenen Mischungen verkneteten Teigstücke birnenförmig formen, das spitze Ende etwas flach drücken, mit
Wasser	bestreichen
	so auf ein gefettetes Backblech legen, daß sie mit den spitzen Enden leicht überlappen und miteinander verbunden sind
	in der Mitte etwas zusammendrücken
	abgedeckt nochmals etwa 30 Minuten an einem warmen Ort gehen lassen, mit Wasser bestreichen
	jedes Teigstück dreimal der Länge nach einritzen
	das Backblech in den Backofen schieben
Ober-/Unterhitze	etwa 225 °C (vorgeheizt)
Heißluft	etwa 190 °C (nicht vorgeheizt)
Gas	etwa Stufe 4 (vorgeheizt)
Backzeit	35–40 Minuten.

Roggenmischbrot in Kohlblättern

20 g frische Hefe	in
3 EL lauwarmem	
Wasser	auflösen, an einem warmen Ort etwa 15 Minuten gehen lassen
	mit
500 g Roggenvollkornmehl	
200 g Weizenvollkornmehl	
200 g Magerquark	
etwa 400 ml	
lauwarmem Wasser	
1 Päckchen	
Sauerteig-Extrakt	
1 EL Salz	
1 EL Kümmelsamen	
1 EL Anissamen	zu einem festen Teig verkneten
	Teigkugel mit
Roggenvollkornmehl	bestäuben, zugedeckt an einem warmen Ort etwa 1 Stunde gehen lassen, 2 runde Brotlaibe daraus formen
etwa 6 große Außenblätter	
von Wirsing oder Weißkohl	waschen, abtropfen lassen, Teigkugeln darin einpacken
	auf ein gefettetes Backblech setzen, etwa 1 Stunde an einem warmen Ort gehen lassen, in den Backofen schieben
Ober-/Unterhitze	etwa 220 °C (vorgeheizt)
Heißluft	etwa 190 °C (nicht vorgeheizt)
Gas	Stufe 3–4 (vorgeheizt)
Backzeit	etwa 60 Minuten
	Kohlblätter abnehmen, Brote auskühlen lassen.

TIP

Wenn man auf die Weise kleine Brötchen backt, überträgt sich das Aroma der Blätter noch intensiver, und durch die kürzere Backzeit sind die Blätter noch genießbar.

Allen Beteuerungen eingekörnter Müslifans zum Trotz, es geht nichts über ein knuspriges Brötchen zum Frühstück. Gut belegt mit Schinken, Käse oder Wurst oder gekrönt von einem Löffel leckerer Konfitüre – besser kann der Tag doch gar nicht beginnen!
Dabei sind es gerade die Brötchen, die einem schon frühmorgens die Qual der Wahl bescheren. Dick und dünn, rund und oval, hell und dunkel, süß und würzig, mindestens im wundervollen Dutzend wetteifern sie in den Auslagen der Bäckereien um Aufmerksamkeit. Wer sich da nicht entscheiden kann oder mag, dem bleibt nur eins: die Brötchen selbst zu backen.

Pikanter Brötchenbaum

(Foto Seite 42/43)

600 g Weizen	mit
1 TL Kümmelsamen	
1 TL Fenchelsamen	
1 TL Korianderkörnern	fein mahlen
125 g Roggen	
125 g Hafer	
	beide Zutaten mittelfein schroten, mit dem Weizenmehl,
50 g Sojamehl	
100 g Roggenmehl (Type 1150)	
2 TL Meersalz	vermengen
3 EL Speiseöl	hinzufügen
1 Würfel (42 g) Frischhefe	in
250 ml (1/4 l) lauwarmem Wasser	auflösen, mit
knapp 500 ml (1/2 l) lauwarmem Wasser	zu den übrigen Zutaten geben alle Zutaten in der Küchenmaschine zuerst auf der niedrigsten, dann auf der höchsten Stufe in etwa 5 Minuten zu einem glatten Teig verarbeiten den Teig an einem warmen Ort so lange gehen lassen, bis er sich sichtbar vergrößert hat
2–3 Zwiebeln	abziehen, würfeln
25 g Butter	zerlassen, die Zwiebelwürfel darin goldgelb dünsten, abkühlen lassen
150 g durchwachsenen Speck	in kleine Würfel schneiden den gegangenen Teig auf der Arbeitsfläche nochmals gut durchkneten, in 4 Teile teilen unter einen Teil die Zwiebelwürfel, unter den zweiten Teil die Speckwürfel, unter den dritten Teil
1 gehäuften TL Kümmelsamen	kneten, die 3 Teigstücke jeweils in 10–12 Stücke schneiden aus dem vierten Teigstück einen Baumstamm formen, ihn auf ein gefettetes Backblech legen die Teigstücke zu runden Brötchen formen und sie abwechselnd als Baumkrone um den Baumstamm auf das Backblech legen

	abgedeckt an einem warmen Ort gehen lassen, bis sie sich sichtbar vergrößert haben
	nach Belieben die Teigstücke ringsherum mit einer Schere dreimal einschneiden, mit
Wasser	bestreichen
	den Baumstamm mit
Sesamsamen	bestreuen
	das Backblech in den Backofen schieben
Ober-/Unterhitze	etwa 225 °C (vorgeheizt)
Heißluft	etwa 200 °C (nicht vorgeheizt)
Gas	etwa Stufe 4 (vorgeheizt)
Backzeit	35–40 Minuten.

Sesambrötchen

375 g Weizenmehl (Type 405)	in eine Rührschüssel sieben, mit
1 Päckchen Trockenbackhefe	sorgfältig vermischen
1 gestrichenen TL Zucker	
1 schwach gehäuften TL Salz	
50 g zerlassene, lauwarme Margarine	
etwa 200 ml lauwarmes Wasser	hinzufügen
	die Zutaten mit Handrührgerät mit Knethaken zunächst auf niedrigster, dann auf höchster Stufe in etwa 5 Minuten zu einem glatten Teig verarbeiten
	an einem warmen Ort so lange gehen lassen, bis er sich sichtbar vergrößert hat, den Teig mit Mehl bestäuben, aus der Schüssel nehmen, gut durchkneten, aus dem Teig 12 ovale Brötchen formen
	auf ein gefettetes Backblech legen
	die Brötchen mit
Wasser	bestreichen, mit
Sesamsamen	bestreuen

(Fortsetzung Seite 46)

	nochmals so lange an einem warmen Ort gehen lassen, bis sie sich sichtbar vergrößert haben
Ober-/Unterhitze	175–2oo °C (vorgeheizt)
Heißluft	etwa 15o °C (nicht vorgeheizt)
Gas	Stufe 3–4 (vorgeheizt)
Backzeit	etwa 3o Minuten.

Käsebrötchen

25o g Weizenmehl (Type 55o) *175 g Weizenmehl (Type 1o5o)*	in eine Rührschüssel geben, mit
1 Päckchen Trockenbackhefe	sorgfältig vermischen
1 TL Zucker *1 TL Salz* *etwas gemahlenen Pfeffer* *etwa 25o ml (1/4 l) lauwarmes Wasser*	hinzufügen, die Zutaten mit Handrührgerät mit Knethaken zunächst auf niedrigster, dann auf höchster Stufe in etwa 5 Minuten zu einem glatten Teig verarbeiten, gegen Ende der Knetzeit
15o g grob geraspelten Gouda	unterkneten den Teig an einem warmen Ort so lange gehen lassen, bis er sich sichtbar vergrößert hat mit Mehl bestäuben, aus der Schüssel nehmen, gut durchkneten, aus dem Teig etwa 1o ovale glatte Brötchen formen, auf ein gefettetes Backblech legen
1 Eigelb	mit
1 EL Wasser	verschlagen, die Brötchen damit bestreichen, mit
5o g grob geraspeltem Gouda	bestreuen nochmals so lange an einem warmen Ort gehen lassen, bis sie sich sichtbar vergrößert haben
Ober-/Unterhitze	175–2oo °C (vorgeheizt)
Heißluft	etwa 16o °C (nicht vorgeheizt)
Gas	Stufe 3–4 (vorgeheizt)
Backzeit	etwa 25 Minuten.

Müslistangen

150 g 10-Früchtemüsli (ohne Zuckerzusatz)	mit
300 ml kochendheißer Milch	übergießen, etwa 30 Minuten quellen lassen
400 g Weizen	mit
1 TL Korianderkörnern	fein mahlen, mit
1 Päckchen Trockenbackhefe	sorgfältig vermischen
1 gestrichenen TL Meersalz	
2 TL Honig	
200 g Magerquark	
40 g weiche Butter	und den Müslibrei hinzufügen
	alle Zutaten in der Küchenmaschine oder mit Handrührgerät mit Knethaken zuerst auf der niedrigsten, dann auf der höchsten Stufe in etwa 5 Minuten zu einem glatten Teig verarbeiten
	evtl. noch
2–3 EL Milch	hinzufügen
	den Teig an einem warmen Ort so lange gehen lassen, bis er sich sichtbar vergrößert hat, ihn dann auf der Arbeitsfläche nochmals gut durchkneten, zu einer Rolle formen, in etwa 15 Stücke schneiden, die Teigstücke zu etwa 15 cm langen Stangen formen, mit
Milch	bestreichen, mit
etwa 30 g gehobelten Haselnußkernen	bestreuen
	auf ein gut gefettetes Backblech legen
	abgedeckt an einem warmen Ort nochmals so lange gehen lassen, bis die Stangen sich sichtbar vergrößert haben
Ober-/Unterhitze	etwa 200 °C (vorgeheizt)
Heißluft	etwa 170 °C (nicht vorgeheizt)
Gas	Stufe 3–4 (vorgeheizt)
Backzeit	25–30 Minuten.

Mohn- und Sesamhörnchen

500 g Weizenmehl (Type 550 oder 1050 oder gemischt)	in eine Schüssel sieben, mit
1 Päckchen Trockenbackhefe	sorgfältig vermischen
50–60 g Zucker *1 gestrichenen TL Salz* *abgeriebene Schale von ½ Zitrone (unbehandelt)* *1 Ei* *1 Eiweiß* *60 g weiche Butter* *etwa 200 ml lauwarme Milch*	hinzufügen
	alle Zutaten in der Küchenmaschine oder mit Handrührgerät mit Knethaken zuerst auf der niedrigsten, dann auf der höchsten Stufe in etwa 5 Minuten zu einem glatten Teig verarbeiten, den Teig an einem warmen Ort so lange gehen lassen, bis er sich sichtbar vergrößert hat, ihn dann nochmals auf der Arbeitsfläche gut durchkneten, zu einer Rolle formen, die Teigrolle in 12–14 Stücke schneiden
	die Teigstücke zu etwa 18 cm langen Rollen formen, dabei die Rollenenden etwas dünner formen
1 Eigelb	mit
1 EL Milch	verschlagen, die Oberfläche der Teigrollen damit bestreichen, die Hälfte der Teigrollen mit
Mohn	und die andere Hälfte mit
Sesamsamen	bestreuen
	die Teigrollen in Form von Hörnchen auf ein gut gefettetes Backblech legen
	abgedeckt an einem warmen Ort nochmals so lange gehen lassen, bis sie sich sichtbar vergrößert haben
Ober-/Unterhitze	175–200 °C (vorgeheizt)
Heißluft	etwa 160 °C (nicht vorgeheizt)
Gas	Stufe 3–4 (vorgeheizt)
Backzeit	etwa 20 Minuten.

Schwedische Buchweizenbrötchen

(18–2o Stück)

	Am Vorabend
125 g geschälten Buchweizen (ganz)	
75 g Leinsamen	
5o g Sultaninen	mit
4oo ml kochendem Wasser	übergießen, durchrühren, abgedeckt über Nacht quellen lassen
325 g Weizen	fein bis mittelfein mahlen
1oo g Sojamehl	hinzufügen, mit
1 Päckchen Trockenbackhefe	sorgfältig vermischen
1/2 TL Salz	
etwa 125 ml (1/8 l) lauwarmes Wasser	hinzufügen, den Buchweizen-Leinsamen-Sultaninen-Brei ebenfalls hinzufügen alle Zutaten in der Küchenmaschine zuerst auf der niedrigsten, dann auf der höchsten Stufe in etwa 5 Minuten zu einem glatten Teig verarbeiten den Teig an einem warmen Ort so lange gehen lassen, bis er sich sichtbar vergrößert hat, ihn dann auf der Arbeitsfläche nochmals gut durchkneten, zu einer Rolle formen, die Teigrolle in 18–2o Stücke schneiden aus den Teigstücken runde Brötchen formen die Brötchen auf ein gut gefettetes Backblech legen abgedeckt an einem warmen Ort nochmals so lange gehen lassen, bis sie sich sichtbar vergrößert haben die Brötchen mit
Wasser	bestreichen das Backblech in den Backofen schieben
Ober-/Unterhitze	2oo–225 °C (vorgeheizt)
Heißluft	etwa 18o °C (nicht vorgeheizt)
Gas	etwa Stufe 4 (vorgeheizt)
Backzeit	etwa 3o Minuten.

Kornknacker

(Etwa 2o Stück)

	Am Vorabend oder einige Stunden vor dem Backen
75 g Weizen	in
25o ml (1/4 l) kochendes Wasser	geben, 2–3 Minuten kochen lassen, zugedeckt quellen lassen, bis die Körner aufplatzen, abkühlen lassen
3oo g Weizen	fein mahlen
15o g Roggen	mittelgrob schroten
5o g Sojamehl	
1 Päckchen Trockenbackhefe	hinzufügen, die Zutaten gut vermischen
1 EL Sesamsamen	
1 EL Leinsamen	
1 EL Sonnenblumenkerne	
1 TL Salz	
1 TL Honig	
etwa 25o ml (1/4 l) lauwarmes Wasser	und die Weizenkörner mit der Flüssigkeit hinzufügen
	alle Zutaten in der Küchenmaschine oder mit Handrührgerät mit Knethaken zuerst auf der niedrigsten, dann auf der höchsten Stufe in etwa 5 Minuten zu einem glatten Teig verarbeiten
	den Teig an einem warmen Ort so lange gehen lassen, bis er sich sichtbar vergrößert hat, ihn dann auf der Arbeitsfläche nochmals gut durchkneten, zu einer Rolle formen
	die Teigrolle in etwa 2o Stücke schneiden, jedes Teigstück oval formen, mit
Wasser	bestreichen, in ein
Sesam-Mohn-Gemisch oder Leinsamen-Roggen-Gemisch	drücken
	die Teigstücke auf ein gefettetes Backblech legen, abgedeckt an einem warmen Ort gehen lassen, bis sie sich sichtbar vergrößert haben
Ober-/Unterhitze	etwa 225 °C (vorgeheizt)
Heißluft	etwa 2oo °C (nicht vorgeheizt)
Gas	etwa Stufe 4 (vorgeheizt)
Backzeit	etwa 3o Minuten.

Quarkbrötchen

500 g Weizenmehl (Type 550)	in eine Rührschüssel geben, mit
1 Päckchen Trockenbackhefe	sorgfältig vermischen
1 TL Zucker	
½ TL Salz	
250 g Speisequark	(evtl. auf einem Sieb abtropfen lassen)
50 g zerlassene, lauwarme Margarine	
etwa 200 ml lauwarmes Wasser	hinzufügen
	die Zutaten mit einem Handrührgerät mit Knethaken zunächst auf niedrigster, dann auf höchster Stufe in etwa 5 Minuten zu einem glatten Teig verarbeiten
	an einem warmen Ort so lange gehen lassen, bis er sich sichtbar vergrößert hat, den Teig mit Mehl bestäuben, aus der Schüssel nehmen, gut durchkneten
	aus dem Teig 10–12 runde Brötchen formen
	auf ein gefettetes Backblech legen
	die Brötchen mit
1 EL Milch	bestreichen, nach Belieben mit
Kümmelsamen	
Sesamsamen	
Mohnsamen	bestreuen
	nochmals so lange an einem warmen Ort gehen lassen, bis sie sich sichtbar vergrößert haben
	das Backblech in den Backofen schieben
Ober-/Unterhitze	175–200 °C (vorgeheizt)
Heißluft	etwa 160 °C (nicht vorgeheizt)
Gas	Stufe 3–4 (vorgeheizt)
Backzeit	20–25 Minuten.

Schmalzbrötchen

(Etwa 14 Stück)	
350 g Weizenmehl (Type 1050)	
150 g Roggenvollkornschrot	beide Mehlsorten in eine Schüssel geben, mit
1 Päckchen Trockenbackhefe	sorgfältig vermischen
	nach Belieben
½ TL gemahlenen Kümmel	hinzufügen
1 gehäuften TL Salz	
50 g weiches Schmalz	
etwa 300 ml lauwarmes Wasser	hinzufügen alle Zutaten in der Küchenmaschine oder mit Handrührgerät mit Knethaken zuerst auf der niedrigsten, dann auf der höchsten Stufe in etwa 5 Minuten zu einem glatten Teig verarbeiten den Teig an einem warmen Ort so lange gehen lassen, bis er sich sichtbar vergrößert hat, ihn dann auf der Arbeitsfläche nochmals gut durchkneten, zu einer Rolle formen, in etwa 14 Stücke schneiden, die Teigstücke rund formen, auf ein gefettetes Backblech legen, abgedeckt an einem warmen Ort nochmals so lange gehen lassen, bis sie sich sichtbar vergrößert haben, mit
Wasser	bestreichen, nach Belieben mit
Sesamsamen	
Mohnsamen	oder
Kümmelsamen	bestreuen
Ober-/Unterhitze	etwa 225 °C (vorgeheizt)
Heißluft	etwa 190 °C (nicht vorgeheizt)
Gas	etwa Stufe 4 (vorgeheizt)
Backzeit	25–30 Minuten.

TIP

Während des Backens eine Schale mit heißem Wasser auf den Boden des Backofens stellen.

Soja-Quark-Brötchen

(16 Stück)

300 g Weizen	fein mahlen, mit
125 g Sojamehl	
1 Päckchen Trockenbackhefe	sorgfältig vermischen
250 g Magerquark	
2 EL Honig	
2 EL Speiseöl	
½ TL Salz	
etwa 250 ml (¼ l) lauwarme Milch	hinzufügen alle Zutaten in der Küchenmaschine oder mit Handrührgerät mit Knethaken zuerst auf der niedrigsten, dann auf der höchsten Stufe in etwa 5 Minuten zu einem glatten Teig verarbeiten kurz vor Beendigung der Knetzeit
1 gehäuften EL Sesamsamen	
25 g gehobelte Haselnußkerne	unterarbeiten den Teig an einem warmen Ort so lange gehen lassen, bis er sich sichtbar vergrößert hat, ihn dann auf der Arbeitsfläche nochmals gut durchkneten, zu einer Rolle formen, in 16 Stücke schneiden, die Teigstücke rund formen, mit der Oberfläche zuerst in
Milch	tauchen, dann in ein Gemisch aus
1½–2 EL Sesamsamen	
etwa 20 g gehobelten Haselnußkernen	drücken, auf ein gefettetes Backblech legen abgedeckt an einem warmen Ort so lange gehen lassen, bis sie sich sichtbar vergrößert haben
Ober-/Unterhitze	200–225 °C (vorgeheizt)
Heißluft	etwa 170 °C (nicht vorgeheizt)
Gas	Stufe 3–4 (vorgeheizt)
Backzeit	etwa 25 Minuten.

Croissants

5oo g Weizenmehl	in eine Schüssel sieben, eine Vertiefung in die Mitte drücken
1 Würfel (42 g) Frischhefe	hineinbröckeln, mit etwas von
3o g Zucker	vermischen, etwas von
25o ml (1/4 l) Milch	erwärmen, zu der Hefe geben, Vorteig an einem warmen Ort gehen lassen, restlichen Zucker, restliche Milch,
1 Prise Salz	
2 Eier	
25 g Butter	hinzufügen, mit den Knethaken des Handrührgerätes auf höchster Stufe etwa 5 Minuten zu einem Teig verarbeiten, den Teig mit einem Tuch abgedeckt an einem warmen Ort so lange gehen lassen, bis er sich sichtbar vergrößert hat den Teig auf einer mit Mehl bestäubten Arbeitsfläche zu einem Rechteck von 2o x 35 cm ausrollen
25o g Butter	in Scheiben schneiden, die Hälfte des Teiges damit belegen, die nicht belegte Teighälfte darüberklappen und leicht mit einem Teigroller andrücken, den Teig zu einer Platte von 3o x 4o cm ausrollen, von der schmalen Seite her zweimal übereinanderschlagen, damit 3 Schichten entstehen, 15 Minuten in den Kühlschrank legen diesen Vorgang noch 2–3 mal wiederholen, den Teig zwischendurch immer 15 Minuten ruhen lassen (Teig dazu zur offenen Seiten ausrollen) den Teig zu einem Rechteck von 5o x 4o cm ausrollen, der Länge nach halbieren, so daß 2 Teigstreifen von 5o x 2o cm entstehen jeden Teigstreifen mit Hilfe eines Lineals und eines Messers in 6 Dreiecke schneiden, von der breiten Seite her aufrollen und die Seiten etwas nach innen biegen Croissants in größerem Abstand voneinander auf ein gefettetes Backblech legen, abdecken, nochmals gehen lassen, mit
3 EL Kondensmilch	bestreichen, in den Backofen schieben
Ober-/Unterhitze	etwa 225 °C (vorgeheizt)
Heißluft	etwa 2oo °C (nicht vorgeheizt)
Gas	Stufe 3–4 (vorgeheizt)
Backzeit	15–2o Minuten.

Sonnenblumenkern-Brötchen

(12–14 Stück)

300 g Weizen	
200 g Roggen	beide Zutaten fein mahlen, mit
1 Päckchen Trockenbackhefe	
1 Päckchen Sauerteig-Extrakt	sorgfältig vermischen
1 gehäuften TL Salz	
etwa 375 ml (3/8 l) lauwarmes Wasser	hinzufügen
	alle Zutaten in der Küchenmaschine oder mit Handrührgerät mit Knethaken zuerst auf der niedrigsten, dann auf der höchsten Stufe in etwa 5 Minuten zu einem glatten Teig verarbeiten
	kurz vor Beendigung der Knetzeit
100 g in einer Pfanne (ohne Fett) geröstete Sonnenblumenkerne	unterarbeiten (1 Eßlöffel zum Garnieren zurückbehalten)
	den Teig an einem warmen Ort so lange gehen lassen, bis er sich sichtbar vergrößert hat, ihn dann auf der Arbeitsfläche nochmals gut durchkneten, zu einer Rolle formen, in 12–14 Stücke schneiden, jedes Teigstück rund formen
	auf ein gefettetes Backblech legen, mit
Wasser	bestreichen, die zurückgelassenen Sonnenblumenkerne auf den Brötchen verteilen, etwas andrücken, abgedeckt an einem warmen Ort so lange gehen lassen, bis sie sich sichtbar vergrößert haben
Ober-/Unterhitze	200–225 °C (vorgeheizt)
Heißluft	etwa 170 °C (nicht vorgeheizt)
Gas	etwa Stufe 4 (vorgeheizt)
Backzeit	etwa 30 Minuten.

Olivenbrötchen

(Etwa 1o Stück)

	Aus
1 Beutel (5oo g) Backmischung Weizen-Mischbrot 1 Päckchen Trockenbackhefe 3oo ml + 1–2 EL lauwarmem Wasser	nach der Vorschrift auf der Backmischung einen Teig zubereiten
	den Teig an einem warmen Ort so lange gehen lassen, bis er sich sichtbar vergrößert hat
1oo g schwarze Oliven (trockenkonserviert)	entkernen, vierteln
1oo g Walnußkerne	grob hacken
	den Teig auf der Arbeitsfläche nochmals gut durchkneten, dabei die Olivenviertel und Walnußkerne unterkneten
	den Teig zu einer Rolle formen, in 1o Stücke schneiden, jedes Teigstück zu einem ovalen Brötchen formen
	auf ein gefettetes Backblech legen
	abgedeckt an einem warmen Ort nochmals so lange gehen lassen, bis die Teigstücke sich sichtbar vergrößert haben, sie mit
Wasser	bestreichen
Ober-/Unterhitze	etwa 2oo °C (vorgeheizt)
Heißluft	etwa 17o °C (nicht vorgeheizt)
Gas	Stufe 3–4 (vorgeheizt)
Backzeit	3o–35 Minuten.

Brötchenkranz

250 g Roggenmehl (Type 1150) *250 g Weizenmehl (Type 1050)* *2 gestrichene TL Salz* *1 Beutel Sauerteig-Extrakt* *1 Päckchen Trockenbackhefe*	in einer Schüssel gut vermischen
etwa 375 ml (3/8 l) lauwarmes Wasser *100 g lauwarmen Sirup*	hinzufügen
	mit Handrührgerät mit Knethaken auf höchster Stufe in etwa 5 Minuten zu einem glatten Teig verkneten, gehen lassen, den Teig mit
Weizenmehl	bestäuben, aus der Schüssel nehmen, gut durchkneten, aus dem Teig 10 runde Brötchen formen, als Kranz auf ein gefettetes Backblech legen
	jedes Brötchen kreuzweise einschneiden, mit
Wasser	bestreichen, die Brötchen nach Belieben mit
Sesamsamen *Leinsamen* *kernigen Flocken* *oder gehobelten Haselnußkernen*	bestreuen
	den Teig nochmals an einem warmen Ort gehen lassen, bis er sich sichtbar vergrößert hat, in den Backofen schieben
Ober-/Unterhitze	etwa 175 °C (vorgeheizt)
Heißluft	etwa 150 °C (nicht vorgeheizt)
Gas	Stufe 3–4 (vorgeheizt)
Backzeit	etwa 30 Minuten.

Maismuffins mit Kürbiskernen

250 g Maismehl	mit
1 gehäuften TL Backpulver	mischen
300 g Joghurt	mit
2 Eiern	
40 g zerlassener Butter	
1 EL Honig	
1/2 TL Salz	verrühren, mit dem Maismehl zu einem glatten Teig verarbeiten
50 g geschälte Kürbiskerne	grob hacken, unter den Teig ziehen 6–8 Portionsbackförmchen ausfetten, Teig einfüllen, auf dem Rost in den Backofen schieben
Ober-/Unterhitze	etwa 200 °C (vorgeheizt)
Heißluft	etwa 170 °C (nicht vorgeheizt)
Gas	Stufe 2–3 (vorgeheizt)
Backzeit	etwa 30 Minuten.

TIP

Maismuffins etwas abkühlen lassen, dann erst stürzen, am besten noch warm mit frischer Butter servieren.

Kürbisbrötchen

(8 Stück)

450 g Kürbisfleisch	in Würfel schneiden, in
100 ml Salzwasser	geben, zum Kochen bringen, gar kochen, abtropfen lassen
30 g frische Hefe	in
2–3 EL Kürbiswasser	auflösen, 15 Minuten warm stellen das abgekühlte Kürbisfleisch pürieren, mit
550 g gesiebtem Weizenmehl (Type 550)	verkneten, das Kürbiswasser mit der Hefe untermengen, den Teig mit den Händen kräftig durchkneten, bis er nicht mehr klebt und elastisch ist, wenn nötig, noch etwas
Weizenmehl	hinzufügen, zugedeckt an einem warmen Ort gehen lassen, bis der Teig sich sichtbar vergrößert hat

(Fortsetzung Seite 66)

3 EL Kürbiskerne	ohne Fett rösten, mit dem Teig verkneten, 8 Kugeln daraus formen, auf ein mit Backpapier belegtes Backblech geben, die Brötchen über Kreuz einschneiden, nochmals 15 Minuten gehen lassen
Ober-/Unterhitze	etwa 200 °C (vorgeheizt)
Heißluft	etwa 170 °C (nicht vorgeheizt)
Gas	etwa Stufe 4 (vorgeheizt)
Backzeit	etwa 20 Minuten.

Schusterjungen

(10–12 Stück)

350 g Roggenmehl (Type 997)	mit
175 g Weizenmehl (Type 550)	in eine Schüssel sieben, mit
1 Päckchen Trockenbackhefe	sorgfältig vermischen
1 TL Salz	
etwa 375 ml (3/8 l) lauwarmes Wasser	hinzufügen
	alle Zutaten in der Küchenmaschine oder mit Handrührgerät mit Knethaken zuerst auf der niedrigsten, dann auf der höchsten Stufe in etwa 5 Minuten zu einem glatten Teig verarbeiten
	den Teig an einem warmen Ort so lange gehen lassen, bis er sich sichtbar vergrößert hat, ihn dann auf der Arbeitsfläche nochmals gut durchkneten, in 10–12 Stücke schneiden
	die Teigstücke rund formen, auf ein gefettetes Backblech legen
	abgedeckt an einem warmen Ort nochmals so lange gehen lassen, bis sie sich sichtbar vergrößert haben, mit
Wasser	bestreichen, mit
Weizenmehl	bestäuben
Ober-/Unterhitze	etwa 225 °C (vorgeheizt)
Heißluft	etwa 200 °C (nicht vorgeheizt)
Gas	etwa Stufe 4 (vorgeheizt)
Backzeit	etwa 25 Minuten.

Kastanienbrötchen

(10–12 Stück)

20 g Frischhefe	in
2 EL lauwarmem Wasser	auflösen, 15 Minuten an einem warmen Ort gehen lassen
300 g Weizenvollkornmehl *etwa 125 ml (1/8 l) lauwarme Milch* *50 g Butter* *50 g Rübenkraut* *1/3 TL Salz*	hinzufügen, zu einem formbaren, geschmeidigen Teig verkneten, zugedeckt an einem warmen Ort so lange gehen lassen, bis er sich sichtbar vergrößert hat
250 g Eßkastanien	oben kreuzweise einschneiden, in
kochendes Wasser	geben, 5–10 Minuten kochen lassen, bis sich die Einschnittstellen öffnen Kastanien schälen, vierteln
20 g Butter	zerlassen, Kastanien darin 5 Minuten braten, etwas abkühlen lassen, unter den Teig kneten kleine, runde Brötchen aus dem Teig formen, kreuzweise einschneiden, auf ein Backblech setzen, etwa 15 Minuten gehen lassen
Ober-/Unterhitze	180–200 °C (vorgeheizt)
Heißluft	etwa 160 °C (nicht vorgeheizt)
Gas	etwa Stufe 2 (vorgeheizt)
Backzeit	20–25 Minuten.

Frühstücksbrötchen

(8–10 Stück im Bratbeutel)

500 g Weizenmehl (Type 405)	in eine Schüssel sieben
2 gestrichene TL Salz	
6 EL Speiseöl	hinzufügen
1 Würfel (42 g) Frischhefe	mit
1 TL Zucker	verrühren, in
300 ml lauwarmer Flüssigkeit (halb Milch, halb Wasser)	auflösen, zu dem Mehl geben
	alle Zutaten in der Küchenmaschine oder mit Handrührgerät mit Knethaken zuerst auf der niedrigsten, dann auf der höchsten Stufe in etwa 5 Minuten zu einem glatten Teig verarbeiten
	den Teig an einem warmen Ort so lange gehen lassen, bis er sich sichtbar vergrößert hat, ihn dann auf der Arbeitsfläche nochmals gut durchkneten, aus dem Teig 8–10 Brötchen formen
	jeweils 4–5 Brötchen in einen Bratbeutel legen, der auf dem Rost des Backofens liegt
	die Bratbeutel verschließen (nicht einstechen)
	die Brötchen nochmals einige Zeit gehen lassen
	den Backrost in den Backofen schieben
Ober-/Unterhitze	etwa 200 °C (vorgeheizt)
Heißluft	etwa 170 °C (nicht vorgeheizt)
Gas	Stufe 3–4 (vorgeheizt)
Backzeit	etwa 40 Minuten.

Hafer-Weizen-Brötchen

(mit und ohne Früchte)

175 g Hafer	mit
1/2 TL Anissamen	
1 gestrichenen TL Korianderkörnern	mischen, auf ein Backblech legen, in den Backofen schieben, rösten
Ober-/Unterhitze	etwa 100 °C (vorgeheizt)
Heißluft	etwa 80 °C (nicht vorgeheizt)
Gas	etwa Stufe 1 (vorgeheizt)
Röstzeit	etwa 45 Minuten
	die Körner während des Röstens ab und zu wenden, abkühlen lassen
350 g Weizenkörner	fein mahlen, mit
1 Päckchen Trockenbackhefe	sorgfältig mischen
1 gestrichenen TL Meersalz	
1 TL Honig	
etwa 250 ml (1/4 l) lauwarmes Wasser	hinzufügen
	alle Zutaten in der Küchenmaschine oder mit Handrührgerät mit Knethaken zuerst auf der niedrigsten, dann auf der höchsten Stufe in etwa 5 Minuten zu einem glatten Teig verarbeiten
	den Teig halbieren, unter eine Teighälfte
250 g gewürfelte Trockenfrüchte (z. B. Pflaumen, Aprikosen, Birnen, Apfelringe, Korinthen, Rosinen)	
50 g gehackte Wal- oder Haselnußkerne	
2 EL Wasser	kneten
	beide Teige an einem warmen Ort so lange gehen lassen, bis sie sich sichtbar vergrößert haben, die Teige nochmals auf der Arbeitsfläche gut durchkneten, aus dem Früchteteig 12 Brötchen und aus dem anderen Teig 8 Brötchen formen
Mohnsamen	mit
Sesamsamen	mischen
	alle Brötchen mit der Oberfläche in
Wasser	tauchen

grobe Haferflocken	die Früchtebrötchen mit der Oberfläche in drücken
	die Oberfläche der anderen Brötchen mit dem Mohn-Sesam-Gemisch bestreuen
	die Brötchen auf ein gefettetes Backblech legen
	abgedeckt gehen lassen, bis sie sich sichtbar vergrößert haben
Wasser	jedes Brötchen oben längs einschneiden, mit besprenkeln
Ober-/Unterhitze	200–225 °C (vorgeheizt)
Heißluft	180–200 °C (nicht vorgeheizt)
Gas	Stufe 3–4 (vorgeheizt)
Backzeiten	
für die Mohn-Sesam-Brötchen	30–35 Minuten
für die Früchtebrötchen	35–40 Minuten.

Gebackenes Lamm

375 g Weizenmehl (Type 1050 oder 405)	in eine Schüssel sieben
125 g Weizenvollkornmehl	hinzufügen, mit
1 Päckchen Trockenbackhefe	sorgfältig vermischen
1 TL Zucker 2 gestrichene TL Salz 1½ Eier 50 g zerlassene Butter knapp 250 ml (¼ l) lauwarmes Wasser	hinzufügen
	alle Zutaten mit Handrührgerät mit Knethaken zuerst auf der niedrigsten, dann auf der höchsten Stufe in etwa 5 Minuten zu einem Teig verarbeiten,
	den Teig an einem warmen Ort so lange gehen lassen, bis er sich sichtbar vergrößert hat
	ihn dann auf der höchsten Stufe nochmals gut durchkneten
	ein etwa faustgroßes Stück Teig für Kopf, Beine, Schwanz und Ohren des Lammes abnehmen, aus dem restlichen Teig etwa walnußgroße Kugeln

(Fortsetzung Seite 72)

	formen, sie als Körper auf einem gefetteten Backblech zusammensetzen, aus dem zurückgelassenen Teig Kopf, Beine, Schwanz und Ohren formen, an den Körper legen, den Teig nochmals an einem warmen Ort gehen lassen, bis er sich sichtbar vergrößert hat, mit
½ verschlagenen Ei	bestreichen, den Lammkörper mit
abgezogenen, gestiftelten Mandeln	bestreuen
	als Augen
2 Rosinen	in den Kopf drücken
Ober-/Unterhitze	200–225 °C (vorgeheizt)
Heißluft	170–200 °C (nicht vorgeheizt)
Gas	etwa Stufe 4 (vorgeheizt)
Backzeit	etwa 25 Minuten.

Brandteigbrötchen

(Für 20 Stück)	
250 ml (¼ l) Wasser	mit
50 g Butter	
½ TL Salz, Pfeffer	
geriebener Muskatnuß	am besten in einem Stieltopf zum Kochen bringen
150 g Weizenvollkornmehl	auf einmal in die von der Kochstelle genommene Flüssigkeit schütten, zu einem glatten Kloß rühren, unter Rühren etwa 1 Minute erhitzen, den heißen Kloß sofort in eine Rührschüssel geben, nach und nach
2–3 Eier	mit Handrührgerät mit Knethaken auf höchster Stufe unterarbeiten, weitere Eizugabe erübrigt sich, wenn der Teig stark glänzt und so von einem Löffel abreißt, daß lange Spitzen hängenbleiben
½ TL Backpulver	in den erkalteten Teig arbeiten, mit 2 Teelöffeln etwa 20 walnußgroße Häufchen auf ein mit Backpapier belegtes, mit Weizenmehl bestäubtes Blech geben
Ober-/Unterhitze	etwa 220 °C (vorgeheizt)
Heißluft	etwa 200 °C (nicht vorgeheizt)
Gas	etwa Stufe 5 (vorgeheizt)
Backzeit	20–25 Minuten.

Brioche

	Für den Vorteig
100 g Weizenmehl (Type 550) oder doppelgriffiges Mehl	in eine Schüssel sieben
50 g Frischhefe	mit
1 gestrichenen TL Zucker	
6 EL lauwarmem Wasser	verrühren, bis sich die Hefe aufgelöst hat, zu dem Mehl geben, gut verrühren, evtl. noch etwas Wasser hinzugeben, den Teig an einem warmen Ort so lange gehen lassen, bis er sich sichtbar vergrößert hat.
	Für den Teig
400 g Weizenmehl (Type 550) oder doppelgriffiges Mehl	mit
50 g Puderzucker	in eine Schüssel sieben, mit
10 g Salz	vermengen
400 g weiche Butter	cremig rühren, nach und nach
6 Eier	unterschlagen, mit dem Mehlgemisch vermengen, den gegangenen Vorteig hinzufügen alles mit Handrührgerät mit Knethaken zuerst auf der niedrigsten, dann auf der höchsten Stufe in etwa 5 Minuten zu einem glatten Teig verarbeiten, eine gut gefettete Kastenform (32 x 10 cm) und Brioche-Form (Inhalt 1 l) oder kleine Brioche-Förmchen (Durchmesser etwa 8 cm) mit
Semmelbröseln	ausstreuen den Teig auf die beiden Formen verteilen, nochmals so lange an einem warmen Ort gehen lassen (etwa 30 Minuten), bis er sich sichtbar vergrößert hat
Ober-/Unterhitze	etwa 200 °C (vorgeheizt)
Heißluft	etwa 170 °C (nicht vorgeheizt)
Gas	Stufe 3–4 (vorgeheizt)
Backzeit	
für die großen Formen	etwa 40 Minuten
für die kleinen Formen	etwa 20 Minuten.

Sesam-Käsewickel

(14 Stück)	
500 g Weizenmehl (Type 405)	in eine Schüssel sieben
250 g weiche Butter in Flöckchen	und
1 TL Salz	
1 Ei	hinzufügen
1 Päckchen Trockenbackhefe	mit
1 TL Zucker	
etwa 125 ml (1/8 l) lauwarmer Milch	anrühren, 5–10 Minuten gehen lassen, zum Mehl geben
	alle Zutaten in der Küchenmaschine oder mit Handrührgerät mit Knethaken zuerst auf der niedrigsten, dann auf der höchsten Stufe in etwa 3 Minuten zu einem glatten Teig verarbeiten, zum Schluß
50 g geriebenen, alten Gouda	unterarbeiten
	den Teig an einem warmen Ort so lange gehen lassen, bis er sich sichtbar vergrößert hat, ihn dann auf der Arbeitsfläche nochmals gut durchkneten, in 14 Stücke schneiden
	jedes Teigstück zu einer 27–28 cm langen Rolle formen, 7 Teigrollen in
Sesamsamen	und 7 Teigrollen in
etwa 20 g geriebenem Parmesankäse	wälzen
	die Teigrollen hufeisenförmig nebeneinanderlegen und die beiden Teigenden zweimal umeinanderschlingen
	auf ein gefettetes Backblech legen
	abgedeckt an einem warmen Ort so lange gehen lassen, bis sie sich sichtbar vergrößert haben
Ober-/Unterhitze	etwa 200 °C (vorgeheizt)
Heißluft	etwa 170 °C (nicht vorgeheizt)
Gas	Stufe 3–4 (vorgeheizt)
Backzeit	etwa 20 Minuten.

Vollkornbrötchen-Kissen

175 g Weizen	
175 g Dinkel	
175 g Roggen	die drei Kornsorten fein mahlen, mit
1 Päckchen Trockenbackhefe	sorgfältig vermischen
1 schwach gehäuften TL Meersalz	
etwa 375 ml (3/8 l) lauwarmes Wasser	hinzufügen
	alle Zutaten in der Küchenmaschine oder mit Handrührgerät mit Knethaken zuerst auf der niedrigsten, dann auf der höchsten Stufe in etwa 5 Minuten zu einem glatten Teig verarbeiten
	den Teig an einem warmen Ort so lange gehen lassen, bis er sich sichtbar vergrößert hat, ihn dann auf der Arbeitsfläche nochmals gut durchkneten, zu einer Rolle formen, etwas flach drücken, längs durchschneiden
	jede Teigstange in 6 Stücke schneiden, die einzelnen Teigstücke etwas flach drücken
	die Oberfläche mit
Wasser	bestreichen
	jeweils 3 Teigstücke in
Haferflocken	drücken, 3 Teigstücke in eine
Mohn-Sesam-Mischung	drücken, 3 Teigstücke in
Sonnenblumenkerne	drücken und 3 Teigstücke unbelegt lassen
	die Teigstücke auf ein gefettetes Backblech legen, nochmals gehen lassen, bis sie sich sichtbar vergrößert haben, mit
Wasser	besprenkeln
Ober-/Unterhitze	200–225 °C (vorgeheizt)
Heißluft	180–200 °C (nicht vorgeheizt)
Gas	etwa Stufe 4 (vorgeheizt)
Backzeit	etwa 35 Minuten.

TIP

Während des Backens eine Schale mit heißem Wasser auf den Boden des Backofens stellen.

Mundbrötchen

(12–14 Stück)

300 g Weizenmehl (Type 405)	in eine Schüssel sieben mit
1 Päckchen Trockenbackhefe	sorgfältig vermischen
1 gestrichenen TL Salz	
1 gestrichenen TL Zucker	
1 EL Speiseöl	
etwa 200 ml lauwarmes Wasser	hinzufügen alle Zutaten in der Küchenmaschine oder mit Handrührgerät mit Knethaken zuerst auf der niedrigsten, dann auf der höchsten Stufe in etwa 5 Minuten zu einem glatten Teig verarbeiten, den Teig an einem warmen Ort so lange gehen lassen, bis er sich sichtbar vergrößert hat, ihn dann auf der Arbeitsfläche nochmals gut durchkneten, zu einer Rolle formen, in 14 Stücke schneiden die 14 Teigstücke z. B. rund, oval, länglich, zu Brezeln oder Schnecken formen auf ein gefettetes Backblech legen abgedeckt an einem warmen Ort nochmals so lange gehen lassen, bis sie sich sichtbar vergrößert haben
1 Ei	mit
Salz	verschlagen, die Brötchen damit bestreichen das Backblech in den Backofen schieben, die Brötchen während des Backens evtl. nochmals mit dem verschlagenen Ei bestreichen
Ober-/Unterhitze	etwa 200 °C (vorgeheizt)
Heißluft	etwa 170 °C (nicht vorgeheizt)
Gas	Stufe 3–4 (vorgeheizt)
Backzeit	etwa 20 Minuten.

TIP

Um zu verhindern, daß die Mundbrötchen zu braun werden, sie gegen Ende der Backzeit mit Alufolie abdecken.

Unser täglich Brot gib uns heute – und an Festtagen darf es auch ruhig schon mal ein bißchen süßer sein. Nicht nur kleine Leckermäuler sind begeistert, wenn süße Sachen aus der Brotbackstube auf den Tisch kommen. Vom fast schon alltäglichen Rosinenbrötchen oder dem neuerdings so gepriesenen Schoko-Croissant wollen wir hier gar nicht reden. Auch das traditionelle Oster-, das würzige Advents- oder das üppige Früchtebrot sind längst keine Besonderheit mehr. Aber es gibt ja noch mehr – feine, kleine Knusprigkeiten, Zöpfe, Wickel, Brötchen und Figürchen, die ausprobiert und gekostet sein wollen.

Mandelknoten

(Foto Seite 80/81)

500 g Weizenmehl (Type 550)	in eine Schüssel sieben, mit
1 Päckchen Trockenbackhefe	sorgfältig vermischen
50 g Zucker 1/2 TL Salz 2 Eier 100 g weiche Butter etwa 250 ml (1/4 l) lauwarme Milch	hinzufügen
	alle Zutaten in der Küchenmaschine oder mit Handrührgerät mit Knethaken zuerst auf der niedrigsten, dann auf der höchsten Stufe in etwa 5 Minuten zu einem glatten Teig verarbeiten
	kurz vor Beendigung der Knetzeit
100 g abgezogene, gehackte Mandeln	unterarbeiten
	den Teig an einem warmen Ort so lange gehen lassen, bis er sich sichtbar vergrößert hat, ihn dann auf der Arbeitsfläche gut durchkneten, zu einer Rolle von 60–70 cm Länge formen, die Rolle zu einem Knoten schlingen, die Enden unter den Teig legen
	abgedeckt an einem warmen Ort nochmals so lange gehen lassen, bis der Mandelknoten sich sichtbar vergrößert hat, mit
Milch	bestreichen, mit
abgezogenen, gehobelten Mandeln	bestreuen
Ober-/Unterhitze	etwa 200 °C (vorgeheizt)
Heißluft	etwa 170 °C (nicht vorgeheizt)
Gas	Stufe 3–4 (vorgeheizt)
Backzeit	35–40 Minuten.

Hunza-Zopfbrot

20 g Frischhefe	in
etwa 200 ml lauwarmem Wasser	auflösen, 15 Minuten an einem warmen Ort gehen lassen, mit
500 g Weizen-vollkornschrot *200 ml lauwarmem Kefir* *3 EL Apfelkraut* *1 Prise Salz* *1 TL gemahlenem Kardamom*	mit Handrührgerät mit Knethaken zu einem glatten Teig verkneten, mit einem Tuch bedecken, etwa 2 Stunden gehen lassen, bis er sich sichtbar vergrößert hat
50 g Rosinen	verlesen
75 g eßfertige Dörraprikosen	in Streifen schneiden
50 g eßfertige Dörräpfel in Ringen	halbieren, dann jede Ringhälfte in 4 Stücke schneiden, den Teig in drei Portionen teilen, eine mit Rosinen, eine mit Aprikosen, eine mit Äpfeln verkneten auf der mit
Weizenmehl	bestäubten Arbeitsfläche die drei Portionen zu drei 50–60 cm langen Rollen formen, diese zu einem Zopf flechten, die Enden zu einer Kugel unterschlagen, auf ein mit Backpapier ausgelegtes Blech setzen, etwa 30 Minuten gehen lassen, auf dem Rost in den Backofen schieben
Ober-/Unterhitze	200–225 °C (vorgeheizt)
Heißluft	180–200 °C (nicht vorgeheizt)
Gas	Stufe 3–4 (vorgeheizt)
Backzeit	etwa 1 Stunde auf einem Kuchenrost etwas abkühlen lassen, dann erst anschneiden.

Hefeteig-Figuren

(Für 8–1o Stutenkerle oder 8 Martinsgänse oder Brötchen)

5oo g Weizenmehl (Type 55o)	in eine Schüssel sieben mit
1 Päckchen Trockenbackhefe	sorgfältig vermischen
2 EL Zucker *1 gestrichenen TL Salz* *1 Ei* *1 Eiweiß* *1oo g zerlassene, abgekühlte Butter oder Margarine* *gut 125 ml (1/8 l) lauwarme Milch*	hinzufügen alle Zutaten in der Küchenmaschine oder mit Handrührgerät mit Knethaken zuerst auf der niedrigsten, dann auf der höchsten Stufe in etwa 5 Minuten zu einem glatten Teig verarbeiten, den Teig an einem warmen Ort so lange gehen lassen, bis er sich sichtbar vergrößert hat, ihn dann auf der Arbeitsfläche nochmals gut durchkneten.
	Für die Stutenkerle den Teig etwa 1 cm dick ausrollen, aus Pappe eine Stutenkerlschablone (etwa 18 cm hoch und gut 8 cm breit) ausschneiden, auf den Teig legen, Stutenkerle ausschneiden, auf ein gefettetes Backblech legen, als Augen
Rosinen oder Korinthen	eindrücken
1 Eigelb	mit
1–2 EL Milch	verschlagen, die Stutenkerle damit bestreichen
8–1o Tonpfeifen	in die Stutenkerle drücken, sie auf ein gefettetes Backblech legen abgedeckt nochmals etwa 2o Minuten gehen lassen das Backblech in den Backofen schieben

(Fortsetzung Seite 86)

Ober-/Unterhitze	etwa 2oo °C (vorgeheizt)
Heißluft	etwa 17o °C (nicht vorgeheizt)
Gas	Stufe 3–4 (vorgeheizt)
Backzeit	15–2o Minuten.
	Für die Martinsgänse den Teig knapp 1 cm dick ausrollen, mit Hilfe einer Pappschablone Gänse – Körperlänge etwa 14 cm, Körperbreite etwa 1o cm und Gesamthöhe etwa 2o cm – ausschneiden, die Gänse auf ein gefettetes Backblech legen
1 Eigelb	mit
1–2 EL Milch	verschlagen, die Gänse damit bestreichen
Rosinen	als Augen eindrücken, die Gänse mit
Hagelzucker	bestreuen abgedeckt an einem warmen Ort nochmals etwa 2o Minuten gehen lassen
Ober-/Unterhitze	etwa 2oo °C (vorgeheizt)
Heißluft	etwa 17o °C (nicht vorgeheizt)
Gas	Stufe 3–4 (vorgeheizt)
Backzeit	15–2o Minuten.

Kalifenbrot

6oo g doppelgriffiges Weizenmehl oder Weizenmehl (Type 4o5)	in eine Schüssel sieben, in die Mitte eine Vertiefung eindrücken
1 Würfel (42 g) Frischhefe	zerbröckeln, mit
1 TL Zucker	
4 EL lauwarmer Milch	in die Vertiefung geben, mit etwas Mehl verrühren, an einem warmen Ort gehen lassen, bis die Hefe gut gegangen und die Oberfläche rissig ist
1 Päckchen Safran	in
1½–2 EL heißer Milch	auflösen, zusammen mit
1 Messerspitze gemahlenem Kardamom	
1 Messerspitze gemahlenem Koriander	

abgeriebener Schale von 1 Zitrone (unbehandelt)	
30 g weicher Butter	
1 Becher (150 g) Crème fraîche	
60 g Zucker	
1 TL Salz	hinzufügen
	alle Zutaten in der Küchenmaschine oder mit Handrührgerät mit Knethaken zuerst auf der niedrigsten, dann auf der höchsten Stufe in etwa 5 Minuten zu einem glatten Teig verarbeiten, zuletzt
125 g große, dunkle Rosinen	unterkneten
	den Teig an einem warmen Ort so lange gehen lassen, bis er sich sichtbar vergrößert hat, ihn dann auf der Arbeitsfläche nochmals gut durchkneten (evtl. noch etwas Weizenmehl unterkneten)
	von dem Teig ein Stück in Brötchengröße abnehmen
	aus dem restlichen Teig eine Kugel formen, sie auf ein gefettetes Backblech setzen, in die Mitte der Kugel eine Vertiefung drücken
1 Eigelb	mit
1 EL Milch	verschlagen, etwas davon in die Vertiefung streichen, das zurückgelassene Teigstück rund formen und in die Vertiefung legen, ganz mit dem verschlagenen Ei bestreichen, die dicke Teigkugel schräg einschneiden, abgedeckt an einem warmen Ort nochmals so lange gehen lassen, bis sie sich sichtbar vergrößert hat
	das Backblech in den Backofen schieben
Ober-/Unterhitze	175–200 °C (vorgeheizt)
Heißluft	etwa 160 °C (nicht vorgeheizt)
Gas	etwa Stufe 3 (vorgeheizt)
Backzeit	etwa 40 Minuten.

TIP

Das Brot evtl. nach gut der Hälfte Backzeit mit Pergamentpapier oder Alufolie abdecken, damit es nicht zu dunkel wird.

Saftige Rosinenbrötchen

(Etwa 14 Stück)

150 g (etwa 4 mittelgroße) Kartoffeln	waschen, in wenig Wasser zum Kochen bringen, gar kochen, heiß pellen, durch eine Kartoffelpresse drücken
500 g Weizenmehl (Type 405)	mit
1 Päckchen Trockenbackhefe	hinzufügen, die 3 Zutaten sorgfältig miteinander vermischen
50 g Zucker *½ TL Salz* *125 g weiche Butter* *etwa 200 ml lauwarme Milch*	hinzufügen alle Zutaten in der Küchenmaschine oder mit Handrührgerät mit Knethaken zuerst auf der niedrigsten, dann auf der höchsten Stufe in etwa 5 Minuten zu einem glatten Teig verarbeiten, kurz vor Beendigung der Knetzeit
100 g Sultaninen	unterarbeiten den Teig an einem warmen Ort so lange gehen lassen, bis er sich sichtbar vergrößert hat, ihn dann auf der Arbeitsfläche nochmals gut durchkneten, zu einer Rolle formen, in 14 Stücke schneiden, die Teigstücke rund formen, auf ein gefettetes Backblech legen abgedeckt an einem warmen Ort nochmals so lange gehen lassen, bis sie sich sichtbar vergrößert haben, mit
Kondensmilch	bestreichen das Backblech in den Backofen schieben
Ober-/Unterhitze	etwa 200 °C (vorgeheizt)
Heißluft	etwa 170 °C (nicht vorgeheizt)
Gas	Stufe 3–4 (vorgeheizt)
Backzeit	etwa 30 Minuten.

TIP

Während des Backens eine Schale mit heißem Wasser auf den Boden des Backofens stellen.

Plunderbrötchen

(16 Stück)

1 Päckchen (300 g) Tiefkühl-Blätterteig	die Platten einzeln auf ein Küchentuch legen, abgedeckt auftauen lassen
375 g Weizenmehl (Type 405)	in eine Schüssel sieben, mit
1 Päckchen Trockenbackhefe	sorgfältig vermischen
1 gestrichenen TL Salz *1 gehäuften EL Zucker* *1–2 EL Speiseöl* *gut 150 ml lauwarmes Wasser oder Milch*	hinzufügen
	alle Zutaten in der Küchenmaschine oder mit Handrührgerät mit Knethaken zuerst auf der niedrigsten, dann auf der höchsten Stufe in etwa 5 Minuten zu einem glatten Teig verarbeiten
	den Teig an einem warmen Ort so lange gehen lassen, bis er sich sichtbar vergrößert hat, ihn dann auf der Arbeitsfläche nochmals gut durchkneten, zu einem Rechteck von 35 x 50 cm ausrollen, die Blätterteig-Platten auf eine Teighälfte legen, dabei die Teigränder frei lassen, die andere Teighälfte darüberschlagen, die Teigränder gut andrücken, zur vorherigen Größe (35 x 50 cm) ausrollen, nochmals übereinanderschlagen und zu einem Rechteck von 60 x 30 cm ausrollen
	das Rechteck mit einem Teigrädchen in Streifen von 7,5 x 15 cm schneiden, die Streifen von der kürzeren Seite her aufrollen
	auf ein gefettetes Backblech legen, abgedeckt an einem warmen Ort 30 Minuten gehen lassen, mit
Kondensmilch	bestreichen, mit
abgezogenen, gehobelten Mandeln	bestreuen
Ober-/Unterhitze	etwa 225 °C (vorgeheizt)
Heißluft	etwa 200 °C (nicht vorgeheizt)
Gas	etwa Stufe 4 (vorgeheizt)
Backzeit	etwa 25 Minuten.

Quarkbrot

350 g Weizenmehl (Type 405)	in eine Schüssel sieben, mit
1 Päckchen Trockenbackhefe	sorgfältig vermischen
1 gestrichenen TL Salz *abgeriebene Schale von 1 Zitrone (unbehandelt)* *125 g Zucker* *2 Eier* *125 g weiche Butter* *125 g Magerquark* *3–5 EL lauwarme Milch*	hinzufügen
	alle Zutaten in der Küchenmaschine oder mit Handrührgerät mit Knethaken zuerst auf der niedrigsten, dann auf der höchsten Stufe in etwa 5 Minuten zu einem glatten Teig verarbeiten
	kurz vor Beendigung der Knetzeit
125 g Sultaninen	unterarbeiten
	den Teig an einem warmen Ort so lange gehen lassen, bis er sich sichtbar vergrößert hat, ihn dann auf der Arbeitsfläche gut durchkneten, zu einem Stollen formen (Teig zu einem Oval formen, eine Längsseite etwas flach rollen), mit
Wasser	bestreichen, die andere Längsseite darüberschlagen, auf ein gefettetes Backblech legen, abgedeckt an einem warmen Ort nochmals so lange gehen lassen, bis der Brotlaib sich sichtbar vergrößert hat
	das Backblech in den Backofen schieben
Ober-/Unterhitze	175–200 °C (vorgeheizt)
Heißluft	etwa 170 °C (nicht vorgeheizt)
Gas	Stufe 3–4 (vorgeheizt)
Backzeit	45–50 Minuten
	das Quarkbrot sofort nach dem Backen mit
40 g zerlassener Butter	bestreichen, mit
1–2 EL Zimt-Zucker	bestreuen.

Mandel-Möhren-Brot

300 g Möhren	putzen, schälen, waschen, raspeln, mit dem
Saft von 1/2 Zitrone	beträufeln
500 g Weizen	fein mahlen
	mit
1 Päckchen Trockenbackhefe	sorgfältig vermischen
3 EL Weizenvollkornflocken	
100 g abgezogene, gemahlene Mandeln	
1 TL Meersalz	
3 EL Honig	
100 g weiche Butter	
1 Ei	
etwa 100 ml lauwarmes Wasser	hinzufügen
	alle Zutaten in der Küchenmaschine oder mit Handrührgerät mit Knethaken zuerst auf der niedrigsten, dann auf der höchsten Stufe in etwa 5 Minuten zu einem glatten Teig verarbeiten, während des Knetens die Möhren und dann
150 g Sultaninen	hinzufügen
	den Teig an einem warmen Ort so lange gehen lassen, bis er sich sichtbar vergrößert hat
	ihn dann mit einem Holzlöffel nochmals gut durcharbeiten
	eine gut gefettete Auflaufform mit der Hälfte von
40 g abgezogenen, gehobelten Mandeln	ausstreuen, den Teig hineingeben, die restlichen Mandeln darauf verteilen, etwas andrücken
	den Teig abgedeckt an einem warmen Ort nochmals so lange gehen lassen, bis er sich sichtbar vergrößert hat
	die Form auf dem Rost in den Backofen schieben
Ober-/Unterhitze	200–225 °C (vorgeheizt)
Heißluft	170–200 °C (nicht vorgeheizt)
Gas	etwa Stufe 4 (vorgeheizt)
Backzeit	50–55 Minuten.

TIP

Während des Backens eine Schale mit heißem Wasser auf den Boden des Backofens stellen.

Impressum

Bitte beachten Sie bei Gasherden die Gebrauchsanweisung des Herstellers. Bei den Zubereitungszeiten handelt es sich um reine Arbeitszeiten.

Umwelthinweis Dieses Buch wurde auf chlorfrei gebleichtem Papier gedruckt.

ISBN 3 8094 1808 0

Redaktion Carola Reich
Redaktion dieser Ausgabe Anja Halveland

Innenfotos Thomas Diercks, Hamburg
Herbert Maass, Hamburg
Christiane Pries, Borgholzhausen
Bernd Wohlgemuth, Hamburg

Kapiteltexte und Ratgeber Doris Pieper, Rheda-Wiedenbrück

Gestaltung Kontur Design, Bielefeld

Covergestaltung Atelier Versen, Bad Aibling

Satz adrupa, Paderborn

Druck Těšínská Tiskárna, Český Těšín

Printed in the Czech Republic

817 2635 4453 6271